AF346737

L'AMI

DE CEUX

QUI N'EN ONT POINT,

OU

SYSTÊME

ŒCONOMIQUE, POLITIQUE

ET MORAL,

Pour le Régime des Pauvres & des Mendians, dans tout le Royaume.

A PARIS,

Chez PASCHAL PRAULT, Libraire, rue du Petit Pont, au bas de la rue S. Jacques & près la rue Galande, à l'Amour des Sciences.

M. DCC. LXVII.

Avec Approbation & Privilège du Roi.

PRÉFACE.

Depuis que ce mot l'*Ami*, terme précieux, est devenu à la mode pour les livres, & qu'il leur sert de titre; le Public a vû paroître l'Ami des hommes, l'Ami des garçons, l'Ami des jeunes gens, l'Ami &c. &c. on a fait en un mot, l'Ami de tout le monde, excepté de ceux qui n'en ont point, c'est-à-dire, des pauvres. Je ne crois pas qu'on puisse, en faveur de ces derniers, mettre en ligne de compte certaines lettres, & quelques mémoires informes, qui ont paru depuis quelque tems. Dans la plûpart de ces ouvrages,

on a moins fongé à diriger les re-
gards bienfaifans de l'humanité
fur l'indigent, qu'à févir contrelui
par des loix de rigueur, & quelquefois même barbares, pour le
punir d'un mal qu'il ne fouffre
déjà que trop, quoiqu'innocent.
Seroit-il beau, comme nous dit
un de ces écrivains, rempli, à
ce qu'il affure, de zèle pour la
patrie, d'arrêter fur tous les
grands chemins les mendians &
les gens fans aveu, pour les faire
pendre ou expirer fur la roue ?
Qu'on les fixe plutôt dans les
campagnes & dans les villes, en
leur fournissant un travail néceffaire pour eux, & utile encore
à l'Etat; alors ils n'auront plus
aucun prétexte de courir pour de-

mander l'aumône. Qu'on borne,
en un mot, par des loix sages,
toute leur fortune à vivre chacun
dans le sol & du métier, que le
plan d'une politique éclairée a
droit de leur preſcrire, & vous
ne verrez plus qu'ils ſoient ten-
tés de l'aller chercher ailleurs. Il
n'y aura plus alors ni fainéans,
ni vagabonds qui courent le pays
pour demander leur vie. Ces vues,
fondées autant ſur l'humanité
que ſur le vrai patriotiſme, me
ſollicitent aujourd'hui à prendre
la plume, & à publier, comme les
autres, mes penſées ſur la police
des mendians dans le royaume:
à propoſer enfin un réglement
œconomique, qui pourroit bien
n'être pas plus utile que tous

A iij

ceux qui ont paru jusqu'ici; mais du moins il aura cet avantage, qu'en groſſiſſant le nombre des projets, ſur cette matiere importante, il inſpirera à quelqu'un, peut-être, la penſée d'en donner un qui ſoit non-ſeulement approuvé, mais encore qui ſera exécuté.

SYSTÊME ŒCONOMIQUE,

POLITIQUE ET MORAL,

Pour le Régime des Pauvres & des Mendians, dans tout le Royaume.

INTRODUCTION.

ON se plaint que nous avons des mendians en France : n'y en a-t-il pas toujours eu ? Et ne peut-on pas dire encore qu'il y en aura tant que l'habiteront les gens qui ont des revenus, & ceux qui n'en ont point ? Vouloir donc aujourd'hui, par un fyftême nouveau, empêcher que, dans le Royaume, il ne fe trouve des fujets qui foyent dans le befoin, ou des pauvres ; n'eft-ce pas former le projet d'empêcher qu'il y ait des familles opulentes, ou des particuliers qui foient riches ; défendre auffi que, dans nos bourgs & nos villes, on ne remarque des gens de diftinction, qui vivent d'une autre maniere que les autres ? Je m'imagine voir l'excitoyen rêveur & mifantrope de Genève, *J. J. R.* qui veut confondre toutes les conditions, & détruire entiérement, parmi les hommes, la fociété, fous le prétexte ridicule de la vouloir réformer, ou d'en corriger tous les abus.

(9)

Il n'eſt point ici queſtion de bannir de nos cités, ni de nos provinces, ceux qui ſont dans l'indigence. Ces malheureux attendent qu'on les couvre & qu'on les nouriſſe, parce qu'ils n'ont pas de quoi pouvoir ſubſiſter ; ſoit que le travail qui eſt le partage des ouvriers, leur manque ; ſoit que l'âge ou l'infirmité les mette dans l'impuiſſance de gagner leur vie. Il s'agit au contraire de fournir à cette claſſe de citoyens qui appartiennent à l'état, comme les autres, & qui ont le droit d'y vivre, tous les ſecours que la raiſon, auſſi bien que l'humanité, & l'intérêt même du gouvernement public, exige qu'on leur accorde.

Aucun royaume ne peut certainement ſe vanter aujourd'hui d'être fous une adminiftration plus fage, ni fous un régime plus parfait, que celui que Dieu même avoit établi autrefois dans la nation juive, avant qu'elle eût des rois. C'étoit la *Théocratie*, qui formoit alors la conftitution politique de ce peuple favorifé : cependant nous lifons que Dieu lui prédit, que dans la terre fertile qu'il veut lui donner, il y aura toujours des hommes qui demanderont leur pain. (*a*)

Mon but au refte n'eft point de faire ici fur l'aumône un fermon pour exciter tous les riches à accomplir ce précepte indifpenfable de la charité, fuivant leurs facultés, & felon l'étendue des befoins du pauvre. Je

______

(*a*) Deuter. 15.

craindroit, en prêchant là - deſſus,
de reſſembler, (*a*) comme dit S.
Paul, *à de l'airain qui ſonne, ou à
une cymbale retentiſſante.* Je ne m'a-
muſerai point non plus à donner des
projets dans le goût de ceux que certains politiques, ou des gens oiſifs
enfantent tous les jours, pour régler
l'état, & conduire auſſi les perſonnes qui le gouvernent. Je laiſſe à ces
ſyſtématiſtes du tems toutes leurs
ſpéculations, ou leur théorie, avec le
ſoin de les faire exécuter ; me bornant,
pour ce qui concerne la police générale des pauvres dans le royaume,
à ces trois articles principaux, auxquels il me ſemble qu'on la peut rapporter ; ſçavoir, les inſtruire, les faire

______

(*a*) Cor. 13.

subsister, & les rendre utiles à l'Etat ;
trois objets qui pourroient fournir
chacun la matiere d'un livre; mais il
suffira simplement de les faire servir
de parties à ce discours, comme con-
courans tous au même but.

PREMIERE PARTIE.

Moyens de procurer l'instruction aux Pauvres.

IL faut d'abord, si l'on veut tirer parti de ces sujets ambulans & dispersés, commencer par leur enseigner les devoirs de la religion, & ceux même de la société, qu'ils ignorent également, & dont ils n'ont le plus souvent aucune idée. Que serviroient en effet tous les édits, & même les ordonnances les plus séveres, à un peuple de vagabonds, qui vivent sans régle & sans aucune discipline, si l'on ne prend soin de les rassembler en des églises, ou en d'autres lieux, dans chaque diocèse, pour leur faire donner, du moins à certains jours, la nourriture spirituelle, dont ils ont plus besoin sans doute que du pain matériel, par des ecclésiastiques zèlés, que l'evêque nommera pour exercer cette fonction?

Les édits, en un mot, contre les mendians, auront beau se multiplier; si l'on ne prend les moyens pour les réunir, afin de les pouvoir instruire, & si l'on ne travaille à les rendre gens de bien, ces réglemens de police resteront affichés sur les murs, & au coin des rues; pour eux, ils s'en mocqueront, & laissant aux autres le soin ou la peine de les lire, ils iront toujours leur chemin, & diront que toutes ces affaires ne les regardent pas.

C'eſt raiſonner en l'air, dira-t-on, que de propoſer, pour fournir la doctrine néceſſaire aux pauvres, un moyen qui paroît ſi difficile, s'il n'eſt pas même impoſſible & impratica-ble; je n'ai ici que deux mots à ré-pondre. Qu'on me donne des prélats, qui ſoyent animés d'un véritable zèle, tels qu'on a droit ſans doute de les ſuppoſer; qu'on m'accorde auſſi qu'il y a dans le conſeil des miniſtres qui les ſecondent, & qui veulent ſincé-rement le bien de l'état, comme il n'eſt point permis d'en douter : alors on ne trouvera rien, dans le plan que je viens de propoſer, qui ne ſoit faiſ-ſable, & même facile dans l'exécu-tion.

Si l'on vient m'objecter que ces gens-là ne ſauroient jamais manquer

d'inſtruction dans les paroiſſes ; puiſque tous les curés ont ſoin de leur
faire des prônes & des catéchiſmes,
pour leur apprendre en particulier,
ce qu'ils doivent croire, & ce qu'il
faut pratiquer : je répondrois à cela,
que les mandians n'ont la plûpart, ni
curés, ni paroiſſes, ou plutôt que les
ayant toutes, ils n'en ont point, parce
qu'ils ne ſe fixent jamais à aucune,
n'y allant que pour faire de l'argent,
& y troubler même d'une façon ſcan-
daleuſe l'office divin, bien loin d'y
aller pour prier Dieu, ou pour entendre des ſermons.

La queſtion eſt de fixer à préſent l'état, auſſi bien que les fonctions de ces nouveaux recteurs des
pauvres dans chaque diocèſe & de
leur aſſigner en même temps un ho-
noraire

noraire ou revenu fuffifant, qui les puiffe mettre en état de s'acquitter librement de cet emploi de charité. On peut d'abord affurer que la prudence des évêques, & les foins auffi qu'ils fe donneront pour chercher, parmi leurs eccléfiaftiques, des fujets qui foient capables de remplir ces fortes de places, pourra bien leur en faire trouver. A l'égard enfuite des fonds néceffaires pour leur entretien, il paroît que pour les avoir, il faudra que la Cour y fupplée; foit en uniffant à ces poftes-là des bénéfices; foit en affignant des penfions fur l'œconomat ou fur les prieurés, & les abbayes qui font à fa nomination.

Voilà, felon mon idée, ce qui concerneroit en général le temporel de ces curés des pauvres. Mais il

vaut encore mieux, je crois, laisser
leur fortune au jugement des prélats,
& à la direction équitable du gouvernement, que d'entreprendre ici de la
régler d'une façon arbitraire.

Pour ce qui est des qualités per-
sonnelles, & des talens que doivent
avoir ces personnes préposées à l'instruction des pauvres, il sera nécessaire qu'on s'en rapporte aux supérieurs
ecclésiastiques qui, les connoissant
mieux que les laïcs, auront aussi le
soin de les choisir. On ajoutera ici
seulement qu'il seroit bon qu'ils fussent tous de bonne famille, & du
diocèse où ils auront leur mission,
afin de s'attirer par-là plus d'estime
& plus de confiance. Il ne sera point
requis qu'ils soyent prêtres, puisque
le ministère de la parole ne l'exi-

geant pas, de simples diacres peuvent s'en acquitter avec fruit, pourvû que le zèle y supplée.

Un avis essentiel qu'il ne serait pas, je pense, inutile de donner à ces prédicateurs ; c'est de remplir ordinairement leurs discours de vérités pratiques & simples, qui édifient, au lieu d'y employer, suivant la mode qui ne règne aujourd'hui que trop dans la chaire, ces tours picquans & recherchés, que nous appellons des pensées, mais qui ne font jamais penser les gens à se convertir.

Trouver des ministres zélés, & les répandre ensuite dans tous les dio-cèses de France, pour prêcher aux mendians, & les instruire, cela ne suffit pas : la difficulté, dira-t-on, c'est de faire venir à leurs sermons des auditeurs qui veuillent les écouter, & qui en profitent. J'avoue que sans cela, tous nos ouvriers évangéliques jetteroient inutilement leurs filets dans la mer ; & qu'ils pourroient dire alors comme Saint Pierre : *Per totam noctem laborantes nihil cepimus.* Cependant je réponds qu'il n'y a point à craindre que le cas arrive, pourvû que l'on prenne les précautions nécessaires que nous allons dire, pour attirer la foule des pauvres à ces exhortations.

Comme nous voyons d'abord qu'on apprivoise par la faim les bêtes les plus farouches, de même aussi on peut assurer, qu'au moyen d'un intérêt modique, on peut mener à notre but, je veux dire, aux instructions familieres, cette classe d'hommes dont nous parlons. Qu'on leur donne un fou feulement à chacun , pour affifter à cet exercice , & il eft affuré qu'ils y viendront. D'ailleurs l'amour du devoir , & le defir de profiter engageroit même plufieurs de s'y rendre, fans avoir aucun autre intérêt que leur falut. Cette aumône encore, quoique legère, fera toujours autant de pris pour leur fubfiftance, dont nous parlerons dans la fuite. Il s'agit maintenant de régler le tems & le lieu où ces difcours de morale fe pourront faire.

Pour le jour, quoique tous ceux de la femaine paroiffent propres à inftruire des gens qui font entiérement libres d'affaires, tels que font les pauvres ; il paroît cependant qu'il fera plus à propos de les affembler tous les lundis. Par ce moyen, ceux qui voudroient entendre les caté-chifmes & les prônes qui fe font les dimanches & fêtes dans les paroiffes, obligation à laquelle ils font tenus d'ailleurs comme les autres, pourront s'y trouver. Les curés encore, n'auront aucune raifon apparente de fe plaindre, qu'on veut entreprendre fur leurs fonctions, en inftruifant, comme eux, les jours de fêtes; n'eft-ce pas au contraire leur rendre fervice, que de les décharger par - là d'une partie du troupeau, pour lui donner la nourriture particuliere qui lui convient ?

Indépendamment de cette raifon qui eft de pure convenance, le lundi étant pour la plûpart des mendians, auffi bien que pour le grand nombre des ouvriers qui gagnent leur vie, un jour de fête où ils ne font rien, & qu'ils ont coûtume fouvent de paffer au cabaret, pour y dépenfer tout ce qu'ils ont pû amaffer durant la femaine ; il paroît néceffaire de les occuper ce jour-là par quelque exercice, qui les retienne dans le devoir, & les empêche fur-tout de fe livrer à la débauche.

A l'égard des lieux que l'on choifira dans chaque diocèfe, pour ces affemblées d'inftruction, on doit préférer toujours les fauxbourgs au centre des villes. Outre que ces lieux écartés font peuplés ordinairement de pauvres gens, parce que les maifons & les loyers y coûtent beaucoup moins, les mendians de la campagne & ceux des environs, pour-

ront s'y rendre auſſi plus facile‑
ment, puiſqu'ils en feront plus pro‑
che.

On objectera peut‑être qu'il ne
feroit guères facile dans ces faux‑
bourgs, de trouver des égliſes ou
des endroits convenables, pour pou‑
voir raffembler tout le monde qui y
viendra. Je conviens que cela pour‑
roit quelques fois arriver ; mais alors,
s'il n'y avoit point de chapelle qui
fût affez vaſte pour contenir tout cet
auditoire, n'en feroit‑on pas quitte
pour en faire bâtir une aux frais des
habitans qui fe cottiferoient dans
chaque communauté, pour faire une
fomme fuffiſante à cette entrepriſe
qui ne ſçauroit après tout être bien
diſpendieufe ? Il n'eſt pas queſtion
ici d'une fuperbe architecture, ni
d'élever

d'élever des temples riches & magnifiques; mais il s'agit feulement de
vaiffeaux qui foient capables de mettre à couvert des gens, qui n'y viendroient que pour fe faire inftruire.

On pourroit joindre encore à ce
bâtiment une chambre ou un petit
appartement pour l'aumonier, chargé
de faire ces exhortations, & qui auroit foin auffi de l'églife, foit pour
ordonner les réparations, foit pour
la faire tenir propre.

Outre la fonction de prêcher aux
pauvres tous les lundis la morale
chrétienne, que l'aumonier exercera
dans fon diftrict; il fera chargé encore de tenir un regiftre exact, où
feront écrits leurs noms, leur âge,
& la paroiffe où ils auront été baptifés. Cette lifte eft de conféquence,

tant pour fe mettre lui-même au fait
du troupeau qui lui fera confié, &
dont il rendra auffi compte à l'évêque tous les fix mois ou tous les ans,
que pour l'ufage encore plus particulier auquel il fervira ; ainfi que
nous le verrons dans la fuite.

Il fuffit de dire, en finiffant cet
article, qu'il feroit à propos qu'il
marquât auffi, dans ce livre, l'affi-
duité de chaque pauvre à ces inf-
tructions; afin que l'on pût y avoir
égard dans la diftribution des aumônes, dont il eft queftion à préfent
de traiter, fuivant que la nature &
l'importance du fujet mérite.

SECONDE PARTIE.

Moyens de faire subsister les pauvres.

Proposer de faire vivre dans le royaume un nombre presqu'infini de citoyens qui, sans posséder aucun bien, sont répandus par-tout dans les provinces, & refluent dans la capitale; c'est un projet qui, après que des yeux clairvoyans l'auront bien examiné, & rectifié encore s'il le faut, mérite qu'on l'exécute. Ainsi en soumettant aux lumieres de ceux qui manient les ressorts de l'état, les vûes que je donne ici, pour fournir la ration aux pauvres & aux mendians, je dirai librement ce que je pense, & je le dirai avec d'autant plus de liberté, que mon zèle pour l'intérêt public y aura plus de part.

D'abord, pour avoir de quoi procurer à cette immense multitude de pauvres qui circulent en France, les secours nécessaires; il faut commencer par avoir des fonds; la raison simple nous apprenant assez, sans être philosophes, qu'avec rien, l'homme ne fait rien. Voyons premierement quels sont les moyens que la charité des particuliers fournit ordinairement en chaque ville, bourg ou village d'une province : après, nous examinerons ce que l'on y pourroit ajouter par l'industrie & par un bon réglement, afin de faire une somme suffisante, pour pouvoir subver enfuite aux befoins de l'indigent.

Il n'eft point ici queftion des aumônes qui fe font aux mendians dans
les rues, & fouvent par abus dans
les églifes. Comme toutes ces diftri-
butions font cafuelles & incertaines,
étant libres, & ne paroiffant pas qu'on
puiffe d'ailleurs les affujettir à aucune règle, il ne faut point pour
ces raifons là y compter. Ne voit-
on pas, malgré cela, tous les jours
des gueux qui font fi âpres & fi
ingénieux à demander, qu'ils regardent ce métier comme le meilleur
de tous ? Quelquefois ils amafferont
en une journée jufqu'à fix francs, &
même plus : fomme que quatre ouvriers auroient enfemble fouvent bien
de la peine à gagner, en travaillant
depuis le matin jufqu'au foir, comme
des miférables.

C iij

Il s'agit donc uniquement de fonds & de revenus qui foyent fixes, & dont on puiffe régler l'emploi, pour faire la diftribution que nous propoferons enfuite d'établir, dans chaque dio- cèfe.

En premier lieu, on peut dire en général qu'il n'y a point de ville, ni peut-être de bourg & de commu- nauté dans le royaume, qui n'ayent quelques biens, ou des rentes que des particuliers auront laiffés par teftament, ou qu'ils auroient donné de leur vivant, pour fournir à la fubfiftance des mendians ; car je ne parlerai point dans ce plan, des fonds qu'ils auroient légués aux hôpitaux, fondés pour les malades, ou pour ceux qui font invalides. On a fait pour tous ces établiffemens, des

ftatuts & ordonnances ; il n'eſt queſtion que de les faire exécuter, en
veillant à l'adminiſtration , pour
empêcher les abus qui peuvent s'y
commettre.

Outre ces revenus, il y a encore
dans chaque ville , & preſque dans
chaque village ou bourg de la France,
une aſſociation de Dames de Charité,
qui font tous les ans une recette conſidérable, pour les pauvres des lieux
où elles font établies. Leur zèle, il
eſt vrai, les porte plus à ſecourir les
familles & les perſonnes honteuſes ,
que les autres , ce qu'on ne ſauroit
trop louer, bien loin qu'on le déſa-
prouve : mais cela empêche-t-il qu'elles
ne quettent encore pour tout le monde , pour ceux qui étalent leur miſere dans les rues, comme pour ceux

qui la cachent dans le secret de leur maison ?

De plus, personne n'ignore que dans chaque paroisse, les curés, aussi bien que d'autres ecclésiastiques, qui s'y trouvent habitués, reçoivent tous les jours, des aumônes considérables des séculiers ; soit qu'ils les sollicitent, soit qu'on les accorde volontairement, pour qu'ensuite ils les distribuent, suivant le besoin des personnes qu'ils connoissent, & souvent aussi qu'ils ne connoissent pas. Or il est constant que, si l'on réunit toutes ces sommes différentes dont nous parlons, & qu'on prenne pour cela les moyens convenables & les plus assurés, tels que nous les indiquerons dans la suite, on pourroit à la fin venir à bout de créer un certain revenu pour les pauvres dans chaque diocèfe, revenu qui ne fuffira point feul, felon les apparences, pour les pouvoir tous faire fubfifter ; mais qui fera toujours une avance du moins certaine pour y parvenir ; fi l'on y joint les autres moyens que l'induftrie & l'autorité même peuvent y ajouter : ce qui s'éclaircira encore plus par ce que nous allons dire.

Sçavoir prévenir la mendicité dans un royaume, c'eft contre-elle un préfervatif qu'il ne faut jamais né-gliger, d'autant plus que c'eft un remède certain, fouvent encore plus facile & moins coûteux, que tous les autres dont on pourroit fe fervir. Sur ce principe qui n'a guères befoin de preuve puifque l'expérience le démontre, pourquoi ne pas établir par-tout en France, ou du moins en chaque ville un peu considérable, des différens diocèses, des *Monts de Pitié*; ainsi qu'on l'a fait avec tant de succès en Italie, & dans plusieurs autres états de l'Europe.

Il est sûr que ces établissemens sont des asyles toujours ouverts, non-seulement pour les pauvres, mais encore pour tous ceux qui seroient sur le point de le devenir, faute d'une somme présente & souvent modique qui leur manque, & qu'on leur prête, moyennant quelques effets ou gages qui en répondent. N'est-il pas surprenant qu'une œuvre si utile, & qui peut empêcher la ruine de tant de particuliers & de familles, ne soit point fondée encore dans Paris qui eſt cependant le cœur du royaume ? Mais conſolons-nous ; on a enfin formé le deſſein de l'y établir.

Je ne m'arrêterai pas ici à donner le détail de ce genre de fondation, ni à expliquer ſes avantages : un travail de cette nature me conduiroit trop loin. Il ſera plus facile de conſulter les livres que l'on a compoſé ſur cette matiere, pour y voir la forme du projet, que l'on pourroit réduire à nos uſages, & aux loix reçues dans le royaume. Ce ſeroit-là un moyen encore des plus infaillibles, pour fermer la porte aux uſuriers, gens plus nuiſibles à l'état, que la mendicité ; puiſque les riches leur ſervent de pâture, auſſi bien que les pauvres.

Il faudroit qu'on permît enſuite

à tous ceux qui seront dans le cas de demander leur vie, de faire toute sorte de petits commerces, s'ils en trouvent l'occasion; & pour cet effet, défendre aux marchands ou à leurs jurés de les saisir, ainsi qu'on le fait impunément tous les jours, au scandale du public, qui ne sauroit voir sans indignation, que l'on ravisse ainsi le pain à des misérables, qui n'ont point d'autre moyen de subsister. Car n'est-il pas tout-à-fait injuste, que ces pauvres gens se voyent à toute heure exposés d'être mis en prison, après qu'on leur aura confisqué le peu qu'ils possedent, ou bien à être pris par des archers, s'ils osent demander l'aumône dans les rues ?

Les marchands vont s'élever tous

ici contre moi , & diront que ce commerce, permis de la façon que je viens de l'expofer, leur fera beaucoup de tort, & qu'on anéantit parlà tous leurs privilèges. Je réponds que non-feulement le commerce des pauvres ne portera aux négocians aucun préjudice ; mais qu'au contraire, il pourra faciliter le débit de leurs marchandifes. En effet, ces mendians ont - ils des magafins ? boutiques ? Et n'eft-ce pas chez ceux qui les tiennent, qu'ils viendront acheter le peu qu'ils débiteront, pour le vendre enfuite en détail ? D'ailleurs, qui empêchera qu'on ne les oblige encore de prendre un certificat des marchands, qui feroit foi qu'ils ont pris chez eux tels effets, & qu'on les leur a livrés pour les vendre de la seconde ou de la troi-sieme main ?

Par ce moyen, personne n'aura droit de se plaindre ; & tous au contraire, y gagneront. Les marchands qui occupent des magasins, puisqu'ils se déferont de tout ce qu'ils ont de trop ; & les pauvres encore plus, puisqu'alors ils pourront **sans** crainte exercer un trafic qui, tout mince qu'il soit, leur sera néanmoins d'un grand secours.

J'en dis après cela autant des métiers, c'est-à-dire, de ces corps qui jouissent du droit exclusif de les exercer. Pourquoi en effet voudroit-on empêcher des pauvres, ou même d'autres gens qui les auroient appris, de les exercer, sous prétexte qu'ils n'ont point été passés maîtres ? Ne vaudroit-il pas mieux, pour le bien de l'état, & même pour l'intérêt du public, qu'on fupprimât, dans chaque forte de métier, toutes ces maîtrifes, pour laiffer la liberté à tous ceux qui ont du talent, de les embraffer. Tous les jours on voit des jeunes gens qui auront un goût décidé pour certains arts, être forcés d'y renoncer, & s'appliquer enfuite à d'autres, contre leur inclination, pour n'avoir point de quoi payer à une communauté, les frais exceffifs qu'il en coûte, quand on s'y fait recevoir. Cette fomme cependant, que l'on donne en ces occafions, ne décide le plus fouvent ni du mérite, ni de la capacité de l'artifan qui eft reçu ; mais elle entre dans la bourfe des jurés, ou des officiers de la communauté, fi elle ne se consomme pas, selon la pratique ordinaire, en festins ou en débauche.

Il faudroit, dira-t-on, suivant ce principe, abolir par-tout les corps de métiers, & anéantir aussi leurs privilèges. J'y consens volontiers pour l'intérêt essentiel du commerce, & sur-tout pour le bien des pauvres. Si, malgré cela, on veut qu'ils sub-sistent, parce qu'on s'imagine qu'ils sont utiles ; il seroit juste du moins de réprimer les abus visibles qui s'y commettent. Qu'on laisse tant qu'on voudra à toutes ces communautés, certains statuts ou réglemens, sup-posé que le gouvernement les juge nécessaires, pour y maintenir l'ordre & la justice que les princes avoient en vûe en les leur accordant ; mais qu'on supprime alors toutes ces for-

malités

malités & ces dépenses superflues qu'elles exigent pour y entrer, de façon qu'on puisse recevoir des ouvriers qui, souvent loin d'avoir de l'argent à donner, auroient sujet plutôt d'en demander.

Pourquoi encore ne pas abréger ces longs apprentissages, que l'on a introduits par abus dans certains corps, & qui ne servent qu'à ruiner les familles, qui se voyent obligées de nourrir, durant tout ce temps, au profit du maître, leurs enfans dont elles ne retirent aucun secours? N'est-il pas, par exemple, bien extraordinaire & singulier, qu'il faille qu'un garçon, à Paris, reste au moins quatre ans dans une boutique, pour apprendre à faire un soulier, & qu'après cela, il lui en coûte encore cinq cens livres, pour avoir le droit ou la liberté de le vendre ?

Je ne dis rien ici de nombre d'autres profeſſions, moins utiles encore au public, que celle-ci, & qui cependant demandent beaucoup plus de tems & d'argent pour y parvenir. Or ce font définitivement les particuliers de quelque condition qu'ils foyent, c'eſt-à-dire, tous les conſommateurs dans le royaume, qui payent ces fréries, & ces taxes impoſées dans chaque métier : car il eſt viſible que toujours la main d'œuvre, auſſi bien que la marchandiſe, renchériſſent à proportion des frais qu'il en coûte aux artiſans, pour acquérir le droit de travailler & de vendre leurs ouvrages.

Mon deſſein, au reſte, n'eſt pa

d'entrer ici dans le détail de chaque métier, d'en marquer les défauts & les vices, ni d'expofer toutes les filouteries en particulier qui s'y pratiquent, pour les en corriger. Cette entreprife, digne d'un citoyen, exigeant des connoiffances que je n'ai ni le loifir, ni la faculté de me procurer ; il fuffit de dire en général que, fi l'on veut diminuer dans l'état, le nombre des mendians, augmenter le commerce, & foulager le peuple, il eft néceffaire d'applanir aux ouvriers les difficultés qui fe rencontrent, pour ainfi dire, à chaque pas, dans l'exercice des arts & métiers, & leur épargner, autant qu'il eft poffible, les frais qu'il en coûte pour s'y avancer.

D'ailleurs, ne fait-on pas que dans

la plûpart des profeſſions méchani-
ques, il y a certains ouvrages que
tout homme pourroit faire, ſans être
pour cela expert ni fort habile, &
que les maîtres cependant ſavent bien
empêcher qu'ils ne fabriquent ; parce
que, diſent-ils, cela diminueroit leur
travail, ou plutôt le profit qu'ils en
retirent, comme s'ils n'étoient point
déja aſſez occupés, en ſe réſervant
pour eux les piéces les plus difficiles,
& qui leur rapportent auſſi un gain
plus conſidérable ? Il ne ſeroit pas
juſte, pour des raiſons qui paroiſſent ſi frivoles, de vouloir défendre
aux pauvres gens de s'appliquer, s'ils
veulent, à tous ces menus ouvrages,
ſous prétexte qu'ils ne ſont point
maîtres. Sans doute ils ne s'aviſe-
ront pas d'exécuter, pour un ri-

che appartement, des lambris qui
feront façonnés, non plus que des
commodes, dans le dernier goût ;
mais ils fçauront bien venir à bout
de faire un banc, ou de fabriquer
une armoire quelconque, qui con-
tentera un bourgeois qui ne cherche
pas tant de façon. Par ce moyen, que
l'on pourroit étendre fur prefque tous
les métiers, chacun pourra vivre, &
les maîtres auroient tort enfuite de
crier.

Continuons d'examiner les moyens
ou les expédiens dont on peut fe fervir, pour trouver des fonds capables
de fournir à l'entretien des pauvres.
On accorde à certaines communautés religieufes qui fe trouvent dans
le befoin, ou pour d'autres œuvres
importantes de charité, des *Loteries*

qui font comme autant de fources
qui coulent toujours, & portent l'a-
bondance ou la fertilité, ainfi qu'on
le remarque, à des corps qui lan-
guiffoient faute de fecours. Pourquoi
n'employeroit-on pas, avec la permiffion, ou même par ordre de la
cour, en faveur des pauvres de chaque diocèfe, un moyen fi fimple,
& qui paroît encore un des plus af-
furés?

Il n'eft point douteux que les bureaux d'une loterie, qu'on prendroit
foin d'établir dans chaque province,
pour cet effet, produiroient des fommes affez confidérables. On verferoit
enfuite, dans la caiffe générale, qui
feroit placée dans la ville capitale de
cette province, tous les deniers qui
en proviendroient, pour les répartir

après cela aux différens diocèses de
de son district, assignant à chacun
une certaine somme, suivant le nombre des paroisses qu'il peut avoir
dans son étendue.

Ce projet, direz-vous, paroît beau,
& l'invention est commode; mais la
question n'est pas de faire des billets
de loteries; il s'agit sur-tout de les
placer. Les frais qu'il faudroit faire
pour créer, & entretenir tous ces
bureaux, passeroient peut-être la recette, outre qu'il faudroit encore
qu'ils fussent assez accrédités & affermis, pour qu'on n'eût aucun sujet
d'y soupçonner de la mauvaise foi
& que le public y mît sa confiance.
Ma réponse à tout cela est fort simple : je dis qu'il n'y aura pas plus de
difficulté à surmonter pour ces nou-

telles loteries des pauvres, que nous voyons qu'il y en a eu pour toutes celles de différent genre, qui roulent depuis cinquante années à Paris, fans interruption ; & qui fourniront toujours à peu près les mêmes fecours, tant qu'on les laiffera fubfifter. Quant à la fûreté & la police que ces nouveaux établiffemens exigeront qu'on y obferve, on pourroit ordonner qu'ils fuffent tous foumis à l'infpection des intendans, ou bien l'on en chargeroit les états de chaque pays, à qui les receveurs feroient tenus de rendre compte, pour que leur adminiftration fût en régle.

Outre la fin utile de pourvoir aux néceffités de l'indigent, ces loteries auroient encore l'avantage de faire du moins circuler l'argent en quel-

que

que forte dans le Royaume ; &
d'empêcher aussi, que la finance
ne vienne entierement se perdre à
Paris, qui est un gouffre où s'en-
gloutissent presque toutes les ri-
chesses de l'état, & d'où elles ne sor-
tent jamais.

Enfin un autre moyen que nous
aurions dans le royaume de trouver
de l'argent, pour l'appliquer à la
solde des pauvres, & qui me paroît
très-juste ; ce seroit d'établir une *Loi
somptuaire sur le luxe* : cette Loi,
pourvu qu'on la fît observer avec
soin, & que l'on n'y souffrît aucune
exception, fourniroit à l'état un am-
ple revenu, qui seroit destiné pour
tous ceux qui n'en ont point. Dira-
t-on que cette taxe sur les choses
superflues est sans exemple ? Il suffi-

roit de lire notre hiftoire , fi l'on
vouloit voir la preuve, qu'il s'eft fait
en divers tems des réglemens ; foit
pour fixer le prix des étoffes , dont
on permettroit l'ufage aux particuliers ; foit pour régler les autres
chofes qui doivent diftinguer l'état
& la condition des perfonnes.

Les gens raifonnables fe plaignent
très - fort aujourd'hui , que tous
les rangs font confondus ; & que la
France eft un cahos, où les conditions ne fe reconnoiffent plus par
aucune marque qui les défigne. Vous
y voyez en effet l'homme de fortune,
dans un équipage plus brillant que
celui d'un duc & pair, & fa livrée
quelquefois fera plus riche que celle
d'un prince. La femme d'un entre-
preneur ou celle d'un commis, por-

tera des robes plus superbes, & fera mieux en diamans que les comtesses ou les marquises. Cependant on peut dire que si ce mal est épidémique & dangereux, il ne tient qu'à nous d'y appliquer le remède convenable, d'autant plus que le but qu'on se propose, n'est point d'empêcher qu'un seigneur ne fasse figure, ni que sa dépense ne réponde au lustre de sa maison; mais plutôt d'empêcher celui qui ne l'est pas, de lui ressembler. Qu'est il nécessaire qu'un simple bourgeois porte des habits brodés en or, ou qu'un financier ait un train aussi magnifique que celui d'un ambassadeur ?

On criera, sans doute, contre la régle qui supprimera ces abus. Mais aussi ceux qui feront le plus de bruit,

feront ceux qui auront moins droit
de s'en plaindre. N'eſt-ce pas le plus
ſouvent parmi les gens de médiocre
condition, que règne le luxe ; c'eſt-
à-dire, chez ceux qui veulent toujours contrefaire les perſonnes de
diſtinction, & ſe confondre avec elles par un extérieur affecté, qui ne
leur convient point ? Car ſi chacun
dans le royaume vouloit vivre ſuivant ſon état, alors il n'y auroit plus
de luxe ; par la raiſon que ce qui eſt
faſte ou ſuperflu dans telle condition, ne l'eſt point dans celle qui eſt
au-deſſus ; & que ce qui eſt permis
ou convient aux uns, doit être ex-
preſſément défendu aux autres.

D'ailleurs quel tort une Loi ſomp-
tuaire en faveur des pauvres, peut-
elle faire à l'état, quand elle ne fera

qu'empêcher les particuliers ou les familles de se ruiner ? Ne voit-on pas, aujourd'hui, les maisons qui ont le plus de fonds & de revenus, prêtes à s'anéantir & à disparoître, pour vouloir vivre dans la profusion, & donner dans le grand, sans y garder aucune mesure ?

Cependant il n'est pas question de perdre ici le tems en réflexions, cherchons à déraciner le mal, plutôt qu'à le fonder. La taxe pécuniaire qu'imposeroit le gouvernement aux personnes qui ne sont ni qualifiées ni d'un certain rang, lorsqu'elles se voudroient permettre l'usage des étoffes précieuses ou de certains meubles, qui ne servent ordinairement qu'à entretenir leur vanité, auroit deux avantages ; celui de ré-

primer le faste ridicule des gens ;
qui n'auroient aucun titre pour se
faire gros seigneurs, & en prendre le
ton ou les manières ; celui ensuite
de pourvoir à la subsistance des in-
digens, aux dépens de tous ceux qui
font de leurs biens un usage illicite,
en voulant paroître plus qu'ils ne
sont.

Cette loi enfin seroit d'autant
plus juste, que personne ne doute
que le superflu des riches n'appar-
tienne aux pauvres, par une sorte
de droit qui est fondé sur la charité.
Or y a-t-il quelque chose de plus
superflu que cette folle & vaine
dépense que fait tous les jours un
particulier, pour sortir des bornes
de sa condition ? Je n'entre point
au reste dans le détail des objets

du luxe, fur lefquels la loi propofée
pourroit s'étendre. Le champ feroit
fi vafte, que mon efprit s'y perdroit.
Il me fuffira de dire en général que,
quand cette loi ne contiendroit feulement que la moitié des articles de
celle qu'on vient de publier dans les
états de Suéde, ils produiroient peut-
être encore une fomme fuffifante pour
nourrir tous les pauvres qui fe trouvent actuellement dans le royaume
Les modes feules, que la frivolité
parmi nous ne ceffe d'inventer, tant
pour l'ajuftement des hommes à grande toilette, que pour celui des femmes, fourniroient, pour l'emploi
dont il s'agit, un fond inépuifable,
fi l'on s'avifoit quelque jour de vouloir les taxer.

Une autre voie encore, qui ne

feroit point ftérile pour les pauvres ;
fi elle étoit mife en ufage dans les
Provinces, comme l'on fait à Paris ;
c'eft la cottifation de charité , qui
eft une impofition légere, qu'on lève
tous les ans , dans chaque paroiffe ,
fur les particuliers qui y demeurent.
Ce moyen, fi on l'exécutait par-tout ,
feroit une bourfe, qui pourroit contribuer beaucoup au but que nous
propofons, qui eft de remédier à l'indigence, autant qu'il eft poffible.

Qu'il me foit permis de dire ici
en paffant, qu'il feroit à propos que
cette levée de deniers fe fît d'une
façon plus réguliere & plus fûre ;
dans cette capitale du royaume ;
c'eft-à-dire, que ce fût par des
perfonnes un peu plus autorifées ;
afin que ceux à qui on vient deman-

der cette taxe, qui n'eſt, après tout,
qu'une aumône libre & gratuite, ſçuſ-
ſent du moins à qui & pourquoi ils la
donnent. On verra, dans une paroiſſe,
un quidam, l'épée au côté, qui vient
avec ſon regiſtre demander de l'argent, & écrit ſur le livre le nom &
toutes les qualités de celui qui le paye.
Dans une autre, ce ſera un ſimple
bedeau qui, chargé de cet emploi, ira
dans les maiſons faire la même cé-
rémonie.

Voilà aſſez de canaux, ce me ſemble, ouverts pour conduire les ſecours les plus abondans dans le ſein
des pauvres, ou capables du moins
de leur fournir tout ce qui pourroit
leur manquer. Maintenant il ne s'agit
plus que de réunir, dans un dépôt
aſſuré & public, tous ces différens

ruiffeaux que nous venons d'indiquer.
Sans cela ils tariroient , & peut-
être fe perdroient - ils dans leur
cours. Or il paroît, que pour la régie
exacte de tous ces revenus qui proviendroient, tant des fufdites loteries , que des taxes fomptuaires ,
cotifations & fondations volontaires
en faveur des pauvres, il feroit néceffaire que le gouvernement nom-
mât, dans chaque province du royaume où feroient établis, ainfi qu'on
l'a déja expliqué, les bureaux de recette, des tréforiers généraux à qui
chaque receveur particulier des villes , feroit chargé de remettre les
fonds qu'il auroit reçus dans fon département; ce qui formeroit une fomme totale, dont lefdits tréforiers auroient l'entiere adminiftration. On

évalueroit enfuite les befoins de chaque diftrict ou diocèfe, fuivant fon
étendue, ou plutôt felon fon peu de
fecours, pour leur fournir, tous les
fix mois ou tous les ans, la portion
qui leur fera dûe.

Il faut fur-tout faire en forte que
ces adminiftrateurs en chef, qui, dans
toutes les provinces du royaume feront prépofés à cette œuvre, foyent
des perfonnes intégres & définté-
reffées.

On conçoit que, fans cela, ce
feroit envoyer des loups affamés dans
un troupeau ; c'eft-à-dire, qu'on
expoferoit le bien & la fubftance
du pauvre à des brigands ou à des
voleurs. Auffi feroit-il abfurde de
fuppofer que des miniftres éclairés
choififfent, pour ces emplois, des

gens qui les regarderoient comme un moyen de s'enrichir, ou comme leur fortune. Pour les remplir avec fuccès, il faudroit, ce me femble, y mettre des perfonnes d'un rang à les faire confidérer, & même qui euffent déja paffé par les charges municipales des grandes villes, afin qu'ils fuffent par-là plus au fait des affaires. Il fe trouve, après tout, des hommes capables & de mérite dans toute forte de condition : ce qui eft une raifon pour ne point exclure ces derniers du pofte d'adminiftrateur, quand il fera queftion d'y pourvoir, ou qu'il en viendra à vacquer.

Comme il eft permis à tout homme qui hazarde un projet, de propofer fes penfées ; d'autant plus qu'un projet n'eft qu'un tiffu de pen-

fées, qui concourent au même but : je
vais dire ici celle qui me vient à ce
fujet. Ne feroit-il pas jufte que cette
charge, dont nous venons de parler,
qui n'a pour objet que le bien de
l'état, & paroit encore être à titre
onéreux, ennoblît du moins celui
qui l'exerce ; & lui donnât même la
nobleffe au premier dégré ? Combien
dans le royaume, voyons-nous d'emplois qui donnent cet avantage à ceux
qui en font revêtus ; quoique ces mêmes emplois n'ayent d'autre exercice,
fort fouvent, que celui d'en tirer
les revenus ; & ne foyent utiles qu'aux
perfonnes qui les occupent ? Je voudrois donc que ces nouveaux adminiftrateurs des pauvres fuffent tous
ennoblis par leur charge, n'y ayant
rien d'ailleurs de plus honorable, ni

rien de plus utile, qu'un office de charité, qu'on accepte fans y chercher aucun intérêt perfonnel. Ce n'eft pas que je veuille dire par-là, qu'il n'y auroit point de revenu attaché à cette fonction de provifeur, particuliérement lorfque les fujets qu'on y nommeroit ne feroient pas riches. Mais c'eft au gouvernement, & non à un fimple particulier, qu'il appartient de régler ces fortes de chofes, fuivant l'équité & la raifon.

Il ne fuffit point d'avoir trouvé, ni même d'avoir amaffé l'argent néceffaire pour faire vivre, dans l'état, tous ceux qui n'auroient aucun bien; il faut encore, pour atteindre à ce but, que le fecours leur foit fourni à propos, en gardant un certain ordre qu'exige cette diftribution, qui

doit être jufte autant que judicieufe. Nous n'avons point ici en vûe
d'alimenter des fainéans, non plus
que des gens qui ne voudroient d'aucun métier, & ne feroient par conféquent bons à rien. Il eft queftion
d'entretenir au contraire des hommes & des femmes, dont on puiffe
utilement fe fervir dans le royaume,
ainfi qu'on le verra dans la troifième partie de ce plan, où nous fe-
rons le détail des ouvrages qui doivent les occuper. Il s'agit donc à
préfent d'ouvrir la caiffe générale de
chaque province, où l'on a dû remettre le produit de tous les bureaux
renfermés dans fon étendue ; & de
répartir à chaque évêché qu'elle con-
tiendra, la portion qui lui revient de
la fomme totale, comme il a été déja

expliqué aux articles précédens.

Qu'est-il nécessaire que je parle des formalités qu'il faudra qu'on observe, pour faire cette distribution dans les régles ? Il suffit de dire en général que, comme c'est ici un dépôt public, & qu'il est question d'un bien qui appartient à la province, puisqu'il est donné pour faire subsister ses pauvres ; il seroit juste que les payemens, fixés à certains termes de l'année pour les diocèses, se fissent en présence des syndics, ou des procureurs du pays.

D'ailleurs si en particulier, quelque évêque venoit à demander un supplément à la somme qui lui aura été assignée ; parce qu'il arrive souvent, dans les parroisses, des accidens imprévus, qui réduisent à la

misere

mifere tous les habitans ; tels, par exemple, qu'une grêle extraordinaire, qui aura ravagé les campagnes, & en aura fait périr tous les fruits ; ou lorfque les eaux auroient inondé les terres ; alors ce feroit à ces mêmes états du pays de juger fur ces raifons , & à décider enfuite fi les demandes font dans le cas d'être accordées.

Après que tout l'argent amaffé dans la caiffe aura été livré aux évêques, dans la jufte proportion que nous avons dit ; il ne s'agira plus que de le donner aux curés des parroiffes, & d'en confier auffi une partie aux aumoniers, dont j'ai fait particulierement mention dans la premiere partie, pour qu'ils en faffent des aumônes réglées à certains jours de la fe-

maine : fur-tout ils prendront garde
de ne donner qu'aux pauvres , qui
feront domiciliés dans leurs cures ,
& dont ils auront pour cet effet un
état dans un regiftre particulier. De
cette façon, ils fe garantiront des
coureurs, qui ne manqueroient pas
de venir, comme des oifeaux de proie,
enlever le grain, lorfque le femeur
feroit occupé à le répandre.

TROISIEME PARTIE.

Moyens de rendre les pauvres utiles
à l'Etat.

Au lieu d'examiner en détail tous les arts ou métiers, qui s'exercent aujourd'hui en France, ni d'entreprendre d'évaluer le profit ou le tort qui en revient à la nation ; je me borne à ce qui peut concerner l'occupation qu'il s'agit de donner aux pauvres, si l'on veut qu'ils ne soyent point perdus pour l'état. Je la réduis à ces trois objets essentiels, qui font la base du commerce & la richesse du royaume : l'agriculture,

F ij

les travaux publics de chaque province, & nos manufactures. Il s'agit
de difcuter chacun de ces trois points;
d'en faire voir l'étendue, & d'y faire
fervir l'induftrie d'une infinité de gens
oififs, dont nous pouvons tirer les
plus grands avantages. C'eft ce qui
va faire la matiere de trois Chapi-
tres, qui comprendront tout ce que
j'ai à dire fur ce fujet, après avoir
fait auparavant quelques obfervations générales touchant la police qu'il eft néceffaire d'établir
parmi les mendians, fi l'on veut les
employer avec fuccès aux ouvrages
que nous venons de propofer.

Prétendre raffembler dans différentes manufactures, ou vouloir engager à la culture des terres une multitude errante de gens, qui n'ont au-

'un gîte & vivent au hazard, pour les
faire travailler, fans les avoir auparavant fixés dans un lieu, & leur avoir,
pour ainfi dire, donné un état &
prefcrit certaines régles ; ce feroit,
je m'imagine, courir après des fau-
vages difperfés dans les bois, & leur
crier de venir pour s'occuper parmi
nous, & aprendre un métier. La premiere chofe confifte donc à réunir
les pauvres, en les rappellant tous
dans leurs provinces, & les obli-
geant chacun d'y vivre & d'y demeurer, afin que l'on puiffe toujours
les trouver dans l'occafion.

Cette loi eft déja faite ; elle a été
même depuis peu publiée par tout le
royaume. Il n'eft queftion à préfent
que la faire obferver, & de veiller
exactement à fon entiere exécution.

On doit feulement remarquer ici ,
que cette loi s'entend de façon, que
les pauvres qui fe trouveroient actuellement domiciliés dans un autre
lieu que celui où ils feront nés &
baptifés, peuvent y refter ; mais il
ne leur fera plus libre alors d'en fortir, fans en avoir obtenu par écrit la
permiffion des fupérieurs ; ainfi qu'il
fera particulierement expliqué dans
la fuite.

Comment empêcher, dira-t-on ,
des vagabonds , de quitter le lieu
de leur demeure ? Ces gens, n'ayant
pour tout bien qu'un fac & un
bâton , décampent quand il leur
plaît, fans que perfonne s'en apper-
çoive. D'ailleurs pourroient-ils s'ex-
patrier , étant de tous les pays ? D'a-
bord on peut répondre que les au-

mônes, qu'on aura foin de leur diftribuer chaque femaine ou bien tous
les jours, de la maniere & avec les
précautions qu'on vient d'expliquer
dans la feconde partie, feront une
digue capable d'arrêter toutes ces
émigrations ; étant vifible que les
pauvres ne voudront point renoncer
à des fecours qui leur feroient affu-
rés auprès de leurs clochers, pour
s'aller expofer à mourir de faim, en
cherchant ailleurs leur vie.

Cependant comme il importe ef-
fentiellement de s'affurer de leurs
perfonnes, afin qu'on puiffe les employer à différens travaux, quand
l'ordre les y appellera ; il fera néceffaire de leur donner en chaque
province, des infpecteurs qui feront
des officiers nommés par la cour,

pour veiller fur leur conduite , &
empêcher qu'ils ne changent de lieu,
felon leur fantaifie.

Le devoir de ces officiers ou com-
miffaires , qui jouiront de quelques
appointemens, & même porteront,
fi l'on veut, quelque marque qui les
diftingue, fera premierement de tenir un regiftre exact de tous les pauvres & mendians qui fe trouveront
dans leur diftrict. Chaque département particulier n'aura qu'un certain
nombre de paroiffes, afin de pouvoir mieux par-là connoître les fujets, & pour que la charge ne foit point
au-deffus de leur force. Lefdits infpecteurs marqueront encore fur leur
livre le nom, la demeure, & l'âge
des perfonnes, auffi bien que leur
profeffion,

profeſſion, s'ils en avoient quelqu'une, ou celle qu'autrefois ils auroient exercée. En ſecond lieu, ils feront obligés de faire, chaque mois, la revue générale de tous les pauvres de leur département, afin de noter tous ceux qui manqueront, ou auront quitté le lieu de leur domicile, ſans avoir auparavant obtenu un congé par écrit. Car dès qu'une fois on les aura inſcrits ſur le rôle de l'état, ils n'auront plus la liberté de s'en aller ni de courir le pays; mais ils feront alors ſous la dépendance deſdits officiers, qui les diviferont par claſſes, felon les divers métiers auxquels ils feront propres; & les enverront enfuite au travail, quand on les demandera, ou bien lorſqu'on aura befoin d'ouvriers.

G

Ces infpecteurs, en un mot, feront prépofés à la police des mendians ; & leur emploi confiftera à
faire, à leur égard pour le civil, ce
que les aumoniers, dont on a déja
parlé dans la premiere partie, feront
tenus de faire pour le fpirituel.

CHAPITRE PREMIER.

Les avantages que l'Etat peut retirer des pauvres, en les occupant à l'Agriculture.

L'Art de l'agriculture, depuis quelque tems, exerce si fort la plume de nos écrivains & de nos philosophes; l'on a déja fait tant de livres sur cette matiere, qu'il n'y a plus rien, ce semble, de nouveau à dire sur un sujet, où les observations & les recherches paroissent épuisées. Ce n'est donc point pour grossir le nombre des auteurs, qui ont traité ce genre là, que j'entreprends aujourd'hui d'écrire ; c'est seulement pour fournir des laboureurs & des cultivateurs à la

France, qui en manque. Du reste, qui
ignore que la meilleure théorie, &
le plus beau fyftême de culture, ne
ferviront jamais de rien pour rendre
les terres fécondes, fi l'on n'a pas
des bras qui manient la charrue ?

Les académies d'agriculture, que
l'on a pris foin nouvellement d'établir dans les différentes généralités
du royaume, font utiles fans doute,
& peuvent contribuer beaucoup à
fertilifer les provinces, par les lumieres & le zèle patriotique des mem-
bres, qui compofent ces fortes de fociétés. Il feroit feulement à fouhaiter, s'il m'eft ici permis de dire ma
penfée, que l'on y eût admis quelques perfonnes du métier ; j'entends
des laboureurs de profeffion, qui,
dans les féances, puffent comme tous

les autres, donner leur avis sur les matieres proposées ; étant certain que l'expérience apprend à ces gens là bien des choses, que toute la science des physiciens ne viendra jamais à bout de découvrir. Ces agriculteurs au reste, ne feroient point confondus avec les académiciens ; mais ils pourroient faire une petite classe à part. Les états ensuite du pays, leur feroient à chacun une modique pension; quand ce ne feroit que pour les indemnifer de la perte qu'ils feront de quelques-unes de leurs journées, pour venir se rendre à ces exercices académiques.

Il feroit bon, si ce simple projet avoit lieu dans la suite, que ces nouveaux associés ne fuffent tout au-plus qu'au nombre de quatre ; &

même qu'on les choisît de différens quartiers de la province, afin de pouvoir mieux, par cet expédient, connoître la diversité des terres, & savoir ensuite tout ce qu'il faudra faire pour les amender, & en pouvoir tirer plus de profit. On sait sans doute que des paysans ne s'énonceront pas en philosophes, & que leur style n'aura rien de bien brillant : mais du moins ils iront au but, & raisonneront juste sur des matieres que l'usage du soc & du hoyeau leur ont mieux appris que les livres.

Ces gens d'ailleurs, déja exercés à la charrue, mettroient eux-mêmes en pratique, quand ils laboureroient leurs terres, tout ce qu'ils auroient appris dans ces conférences. Ils instruiroient ensuite les autres paysans, qui, les voyant travailler felon les principes d'une nouvelle culture, plus facile & plus utile, tâcheront auffi de les imiter. Car que ferviroient à des hommes groffiers qui n'ont pas la moindre notion de phyfique, & ne favent point lire, les plus belles obfervations d'agriculture, qui s'impriment tous les jours, fi l'on ne prend pas foin de les leur faire mettre en œuvre ?

Je vais ajouter encore, touchant nos bureaux d'agriculture, une réflexion qui me vient. Rien ne feroit plus utile, après tous les judicieux réglemens qu'on a dreffés pour ces académies, que d'y fonder un prix, qui feroit diftribué tous les ans à celui qui préfenteroit le meilleur difcours fur un fujet d'œconomie ru-

rale. Il est certain que cela exciteroit
beaucoup d'émulation pour un art,
qui ne sçauroit être trop encouragé
dans le royaume. Dans la suite encore on pourroit, en rassemblant tous
ces différens mémoires qui auroient
été couronnés, former un code d'a-
griculture, qui contiendroit les
moyens éprouvés, & les opérations
les plus sûres d'améliorer dans chaque
province du royaume, les fonds de
quelque nature qu'on les suppose,
& de tirer parti du terrein le plus in-
grat.

Quoique ce prix dont nous parlons,
se dût distribuer chaque année, il seroit nécessaire, dans certains cas, de
ne le donner qu'au bout de deux ans.
Comme s'il étoit question, par exemple, pour travailler avec plus d'e-

xactitude au sujet proposé, de faire ou de réitérer certaines expériences, dont on ne pourroit point s'affûrer dans le cours d'une année ; parce qu'il faut quelquefois attendre plus d'une faifon pour en voir l'effet. Ne fçait-on pas qu'une végétation qui aura réuffi une premiere fois, peut manquer une feconde, fi l'on vient encore à l'effayer ? Cela jette alors l'obfervateur dans l'incertitude, & rend fes épreuves fufpectes, parce qu'on ne lui a point donné le tems qu'il faut pour s'en éclaircir. Il feroit jufte cependant que le prix dans cette circonftance fût double, puif-que celui qui le remporteroit, auroit pris plus de peine, pour garantir la vérité des faits contenus dans fon mémoire.

J'ajouterai, en finiſſant ce qui regarde cette matiere, qu'il ſeroit encore bon que la ſociété académique décernât des récompenſes aux ſimples cultivateurs, quand ils feroient quelque découverte utile dans l'agriculture, ou bien qu'ils trouveroient quelque ſecret pour préſerver les bleds, de même que les arbres, des eſpèces de maladies auxquelles ils ſont ſujets, indiquant la façon de détruire les vers & les inſectes qui les rongent. Ne pourroit-on pas récompenſer auſſi ceux qui, par leur induſtrie, auroient réuſſi à élever des plantes qui feroient inconnues à notre climat, & dont la culture peut nous être utile, ſoit pour le commerce, ſoit pour nos manufactures ?

Enfin je voudrois, puifqu'il eft queftion ici d'être libéral , que l'on donnât des prix, non-feulement au laboureur qui auroit la plus belle moiffon dans fes terres; mais encore aux jardiniers qui nous préfenteroient les plus beaux fruits , en quelque genre que ce fût ; quand ils ne nous offriroient même que de fim- ples légumes. On donne tous les jours, dans une académie de peinture ou de deffein , des médailles de cent francs , & encore quelquefois de plus fortes, à des élèves qui ont le mieux réuffi à repréfenter une figure, qui ne fert, après tout, qu'à orner le cabinet d'un curieux. Pour- quoi ne feroit-on pas auffi généreux à récompenfer des hommes , qui épui- fent leurs forces, pour couvrir nos

tables des productions les plus déli-
cieufes & les plus variées ?

Pour venir maintenant à nos pauvres, dont il eft queftion de tirer
parti ; je commence d'abord par confidérer ceux qui parroiffent les plus
inutiles à l'état ; mais dont on pourroit cependant tirer de grands fecours dans la fuite, fi on les defti-
noit à l'agriculture. Je parle ici des
enfans abandonnés , qu'on nourrit
aux maifons de charité, ou dans les
hôpitaux d'enfans trouvés, jufqu'à
ce qu'on leur puiffe apprendre quelque métier, ou bien que des parens
viennent les réclamer. Il n'eft pas
douteux qu'il fe trouve dans les campagnes bien des fermiers , ou des
payfans cultivant leurs propres fonds,
qui fe chargeroient de nourrir ces

enfans , & les élèveroient pour le labourage , & pour tous les autres travaux de la campagne , fi on vouloit payer pour leur entretien une penfion modique , jufqu'à ce qu'ils fuffent capables de cultiver la terre , ou propres à conduire un troupeau. Or , qui empêche qu'on ne leur confie cette jeuneffe , qui s'accoutumeroit fans peine chez eux à la vie ruftique , & peupleroit dans la fuite nos campagnes de bons cultivateurs, formés à ce métier , pour ainfi dire, dès leur naiffance , & fous les yeux des maîtres les plus expérimentés?

Cette penfion au refte , qu'il fagiroit de payer , ne fauroit être à charge aux hôpitaux , non plus qu'aux autres communautés, qui feroient obligées de la fournir ; puif

qu'il eſt viſible que ces enfans leur
coûtent toujours pour les entretenir,
& ſouvent même il faut les garder
longtemps, avant qu'on puiſſe les
placer. Cependant je ne prétends pas
dire pour cela, qu'il fallût confier
ces pauvres enfans à tous les payſans
qui en demanderoient. Comme ces
communautés de charité en répondent ; puiſqu'elles ne ſont fondées
que pour en avoir ſoin, il faut qu'a-
vant de les livrer, elles s'aſſurent de
la probité & des mœurs des perſonnes, à qui on les remet entre les
mains. Un certificat de vie & de conduite, ſigné du grand vicaire ou du
curé, qu'on exigeroit de ces gens là,
ſuffiroit pour cette information.

Le projet, après tout qu'on pro-
poſe, n'eſt point métaphyſique dans

fon exécution ; puifque l'on voit des gens de la campagne venir de tems en tems, dans ces hôpitaux, pour faire des recrues de ces enfans, qu'ils emmènent, pour les élever dans leur ménage, moyennant une penfion qu'on leur donne, jufqu'à ce qu'ils foyent en âge de pouvoir travailler. Je fais tel fermier aux environs de Paris, qui en a déja pris plus de vingt, à différentes fois : fuivant les apparences il y trouve fon compte.

Il faudroit que les adminiftrateurs de toutes ces maifons de charité, priffent foin de faire avertir dans toutes les campagnes, par les curés, aux jours de fête après le prône, que tous ceux qui voudroient fe charger de quelques-uns de ces enfans, le fiffent favoir ; & qu'on leur donne-

roit alors la facilité de s'en procurer ; fauf à s'informer, après cela,
comme je l'ai déja dit, de la conduite & des mœurs des perfonnes
qui viendront en faire la demande.

Ce moyen de placer ainfi la jeuneffe chez les payfans, qui feront en
état de l'élever, fe peut étendre encore à tous ces enfans que nous
voyons languir fur le pavé, auffi bien
qu'à ceux qui font entre les bras de
leurs meres ; & qui ne les peuvent
nourir, faute de fecours. Alors il faudra, pour trouver de quoi fournir
à leur entretien, avoir recours aux
fonds, dont on a parlé affez au long
dans la feconde partie.

Les parens fe plaindront, peut-
être, voyant qu'on leur arrache
les enfans malgré eux. Mais n'au-
ront-

ront-ils pas auſſi ſujet de s'en con-
ſoler, quand ils ſçauront que c'eſt
pour tirer ces innocens de la miſere,
& les mettre en état de ſe pouvoir
ſoutenir d'eux-mêmes par la ſuite,
qu'on les confie, pendant un temps,
à des payſans pour les inſtruire ?

Venons à préſent aux hommes.
Comme dans ce plan, il s'agit de
retirer les pauvres de la mendicité,
en fourniſſant des bras à l'agriculture ; il faut, pour arriver à ces deux
fins, aller d'abord à la ſource du
mal ; c'eſt-à-dire, qu'on le doit prévenir, au lieu de chercher à y remédier, quand il aura déja fait du
progrès.

Or qui ne voit, pour peu qu'il
conſidère avec attention cette foule
de mendians, qui inondent les pro-

vinces, & circulent enfuite dans nos villes, que cela vient principalement de ce que les campagnes font défertes ; & que le colon trouvant beaucoup plus de mal que de profit à les cultiver, aime mieux demander fon pain, fans rien faire, que de fuer toute l'année, pour gagner à peine fa nourriture.

Ce n'eft point en effet par pareffe, ni pour fuir le travail, que le payfan fuit ce genre de vie ; c'eft plutôt le découragement, & la difficulté de pouvoir fubfifter, lui & fa famille, en payant la taxe & tous les autres droits qu'on lui impofe, qui lui font tous les jours abandonner la charrue & fes propres terres, pour chercher un métier ou bien une condition, qui le faffe vivre plus à fon aife. Auffi , combien de domaines abandonnés ou incultes, voit-on aujourd'hui dans l'Auvergne, & en plufieurs autres provinces du royaume, lefquels fans cette raifon , feroient en valeur, tant pour l'état, que pour le propriétaire ? Alors on ne verroit plus un fi grand nombre de cultivateurs quitter le pays pour mendier. Ils ne s'amuferoient pas enfin à promener des ours par les villes, pour divertir le peuple ; gagnant plus à donner ce frivole fpectacle au public, qu'à manier la bèche comme ils faifoient auparavant.

Il y a dans Paris plus de cinquante mille laquais, qui font tous fils de payfans. Jugés à proportion de ce qu'il doit y en avoir dans les autres villes du royaume ? Ce nombre fait

en France environ la vingtième partie de tous ses habitans ; c'est-à-
dire, plus d'un million d'hommes,
qui abandonnent la culture des terres, pour se faire domestiques dans
les maisons, & par - là s'exempter
encore de la milice. Cela n'arriveroit point, si le sort du laboureur
n'étoit pas si misérable. Ces gens,
en effet, quitteroient-ils leurs parens
& leur foyers, quelque rustiques que
vous les supposiez, pourvû qu'ils y
pussent vivre un peu moins à l'étroit,
pour aller servir des maîtres, qui sont
souvent durs & difficiles, & qui les
congédieront sous le plus léger prétexte, ou même sans raison, quand
c'est l'humeur chagrine qui les excite,
ou que des rats leur passent par la
tête ? Il y aura toujours, sans doute

dans le royaume affez de fujets, qui feront propres à porter la livrée, ou à charger le derriere d'un caroffe, fans que la campagne perde encore la plus grande partie de fes cultiva- teurs, pour en groffir le nombre.

Les impôts cependant, ne font point toujours la caufe unique de l'état fâcheux, où les payfans font réduits: c'eft encore aux méchantes cultures, qu'il faut s'en prendre. On fait qu'au- jourd'hui, prefque dans toute la Fran- ce, comme viennent de le vérifier des perfonnes expérimentées ; on fe fert pour le labourage, de mauvais inftrumens, faute de s'en pouvoir procurer de bons. Dans plufieurs provinces, on fe fert de charrues fort baffes, qui ne peuvent . quand on veut faire au moins un labour médiocre, être tirées que par trois ou quatre paires de bœufs, avec deux hommes encore qui les menent ; cela ruine un fermier, parce que ces bœufs ne pouvant fervir guères plus de quatre ans, il faut pour les renouveller, qu'il faffe des dépenfes confidérables. La nourriture d'ailleurs de ces animaux lui confomme tous fes foins, de forte qu'il ne lui en refte plus pour les autres beftiaux, dont le fumier eft pourtant abfolument néceffaire pour féconder les terres & pour l'agriculture. En d'autres endroits du royaume, au lieu de cette lourde charrue, on fe fert de l'aireau qui vaut encore moins, parce que le fer rond, qui fert de foc à cette machine, qui n'a point de roues, ne fauroit faire un fillon affez large.

(95)

pour déraciner les mauvaifes plantes ; de façon qu'il faut farcler les
bleds enfuite lorfqu'ils pouffent , fi
l'on veut qu'ils ne foyent pas étouffés
par les herbes inutiles qu'on a laiffées
dans la terre.

Le remède à ce mal, eft celui
dont il faudroit fe fervir à l'égard
d'une perfonne qui écriroit mal, non
par un défaut de la main , mais feulement, parce que fa plume ne vaudroit rien : donnez-lui en une bonne,
& qui foit bien taillée. Il faut donc,
fi l'on veut que nos fonds deviennent
fertiles, & voir bientôt revivre l'abondance par-tout, commencer, après
quelque remife judicieufe d'impôts,
par défendre l'ufage de tous ces méchans inftrumens qui ne font qu'ef-
fleurer la terre, & en fubftituer de

bons à leur place. Alors vous verriez l'agriculture changer de face, & prendre une nouvelle vigueur. De cette façon, un feul homme avec deux bœufs, peut faire en trois jours plus d'ouvrage, que deux hommes auparavant n'en auroient pu faire avec huit bœufs en toute une femaine; outre qu'alors le labour précédé, comme je le fuppofe toujours, des engrais néceffaires, aura les qualités requifes, pour faire fructifier la femence dans le fol le plus aride.

En France aujourd'hui, l'on perfectionne tout, excepté les chofes néceffaires & utiles. Ne feroit-il pas jufte qu'après avoir raifonné fi long tems fur la figure allongée ou applatie des poles de la terre, & étant

parvenus

parvenus même à trouver le secret important d'électrifer la foudre, nous nous appliquaſſions un peu à perfectionner le métier du laboureur, & que les perſonnes qui ont du génie, vouluſſent ſe donner la peine d'inventer pour cet art les outils & les machines qui feroient les plus convenables? Ce n'eſt pas que d'habiles gens n'y aient déjà travaillé, & n'aient fait même depuis quelques années d'excellentes découvertes dans ce genre. Cependant il paroît certain que ſi le gouvernement qui veille à préſent plus que jamais ſur la culture des terres, vouloit faire choix d'un certain nombre de méchaniciens habiles, pour en former une compagnie qui ne s'attachât qu'à réformer, pour chaque province par-

I

ticuliere, tous les inſtrumens d'agriculture, ou bien en inventer de nouveaux & de plus parfaits que les
anciens; on parviendroit alors plus
facilement & en beaucoup moins
de tems, à trouver la méthode la
plus ſûre & la moins diſpendieuſe,
de faire valoir les fonds par tout le
royaume, & à leur donner toute la
fécondité qu'ils peuvent recevoir de
l'induſtrie.

Au reſte, ce n'eſt point une
chimere que cette académie. On ſait
qu'elle ſubſiſte en Angleterre, en
Irlande, & même dans pluſieurs états
du Nord auſſi bien qu'en quelques
villes d'Italie. On voit que les terres
de ces différens pays, leſquelles valent
la plûpart bien moins que les nôtres,
ſont néanmoins d'un produit plus

confidérable, par les foins qu'on a pris d'y perfectionner le labourage, en fubftituant à la routine des payfans une pratique plus éclairée, & fondée fur l'expérience. Au commencement il en couteroit quelques frais aux fermiers ou aux propriétaires, pour fe fournir de nouvelles charues, de nouveaux femoirs, & d'autres pièces néceffaires. L'état pourroit cependant en faire les avances. Il s'agiroit pour cela de faire fabriquer dans chaque province, fous les yeux des académiciens députés pour cet effet, les inftrumens dont nous parlons, & les diftribuer enfuite à chaque cultivateur, qui feroit alors obligé d'apporter tous les anciens, dont il fe fervoit auparavant, afin de les dé-

I ij

truire. Au bout d'une année ou deux,
que les recoltes, par ces nouvelles
cultures, feroient devenues plus abon-
dantes ; on pourroit faire payer,
dans chaque élection, la valeur de
la charue, & le prix encore des autres pièces qu'on lui auroit fournies.

Ce projet, dont je ne donne
qu'une fimple idée, parce que le détail demanderoit un volume, pourroit s'exécuter d'abord dans une province, & une fois qu'on fe feroit
affuré du fuccès par l'expérience,
on pourroit l'étendre enfuite par-
tout le royaume. On obferveroit feulement, à caufe de la nature différente des climats, d'y faire les changemens néceffaires pour la culture
de chaque terroir. Ces différences
feroient examinées fur les lieux par

(101)

les méchaniciens députés de la cour,
pour préfider à tous les travaux de
cette entreprife, qui feroit pour nous
certainement plus utile, que la découverte de l'or potable, ou de la
pierre philofophale.

On trouvera peut-être que je
m'écarte de mon fujet, & que tout
cela ne fait rien aux pauvres ; s'a-
giffant uniquement ici de les rendre
utiles, & de fournir auffi des moyens
pour les faire fubfifter. Eft-ce véritablement m'éloigner de mon but,
quand je me propofe de remédier à
l'indigence, & même d'en tarir la
fource, par la voie fimple que j'in-
dique de rétablir l'agriculture, &
de la faire fleurir dans le royaume ?
C'eft fans doute prévenir la pau-
vreté, & diminuer le nombre des

mendians, que d'encourager un art qui fait vivre tout le monde, en le rendant facile, par l'éloignement de tous les obstacles qui empêcheroient les hommes de s'y livrer. Comme il se trouvera malgré cela un grand nombre de gens oisifs, & réduits à demander leur vie, faute de travail; il s'agit de voir comment on peut les occuper, non-seulement pour qu'ils ne soyent point à charge à l'état, mais encore pour que l'état même y trouve son avantage.

Afin d'entretenir & de faire vivre cette multitude affammée de citoyens répandus dans tout le royaume; je ne vois point de meilleur moyen, ni même de plus utile, que de leur abandonner les terres incultes, & leur en laisser tout le profit, jusqu'à ce

que les ayant mifes en valeur, ils
y puiffent trouver un gain affuré &
fuffifant, malgré les impôts que l'on
y pourra mettre dans la fuite. Il eft
certain que cette efpèce de bail, que
feroit le gouvernement de tous ces
fonds qui ne rapportent rien, en les
donnant à des gens qui les voudroient
cultiver, auroit deux grands avantages : celui de faire fubfifter une
infinité de fujets qui n'ont rien ; &
celui encore d'augmenter la population, auffi bien que les richeffes de
l'état. C'eft ce que nous allons expofer particulierement dans ce chapitre, après quelques obfervations
générales fur les défrichemens.

Lorfqu'on parcourt la France, &
que l'on jette la vue fur les campagnes, vous voyez d'un côté des

pays délicieux où tout abonde, & où il semble que la nature ne laisse rien à desirer, ni pour la quantité des fruits, ni pour leur qualité. D'un autre côté, ce sont des déserts & des landes, où jamais la charrue n'a pénétré, & où l'on diroit que le ciel n'a jamais distillé la moindre rosée. Ici vous rencontrez des plaines riantes, ou bien des vallons, qui ne donnent presque aucune peine à l'homme pour les cultiver ; là au contraire, ce sont des bruyeres ou des côteaux escarpés, qui ne rendent qu'autant qu'on travaille, & qu'on sue pour les rendre fertiles. Cependant quoiqu'il paroisse y avoir une si grande différence entre un fonds excellent, & un autre qui ne vaut rien, il se

peut faire qu'un terrein qui est fé-
cond & rapporte beaucoup actuellement, n'est tel que par l'industrie
des cultivateurs, & qu'il a peut-être
moins valu autrefois que la plûpart
des terres qui sont à présent en fri-
che: Voilà ce qui me fait croire,
malgré le cri de bien des gens, que,
si la France produit aujourd'hui la
moitié plus en bled & en vignes,
qu'elle ne rendoit, il y a six ou sept
siècles, elle en a l'obligation aux
moines qui, à mesure qu'ils sont
venus habiter les lieux les plus incultes & les plus déserts du royaume, les ont rendu abondans par-
tout, d'arides qu'ils étoient, quand
ils s'y sont établis. Qu'étoit la Trap-
pe, il y a environ cent ans ? Une
abbaye négligée, où sept à huit moi-

nes fainéans & fans difcipline fe plaignoient qu'ils n'avoient pas de quoi vivre, tandis que plus de cent religieux, depuis que la réforme s'y obferve, y vivent à leur aife du travail de leurs mains, foutenu par l'exercice de la règle & par la priere.

Cependant il y a encore dans l'étendue du royaume beaucoup de cantons & de pays ftériles, qui produiroient des revenus, & feroient un bien précieux pour les propriétaires, auffi bien qu'une reffource pour l'état, fi l'on prenoit aujourd'hui la réfolution de les cultiver. Il n'eft queftion que d'y envoyer des ouvriers, & nous en avons pour cela plus qu'il n'en faut, fi l'on veut y employer tous nos mendians défœuvrés, qui femblent fe plaindre, comme ces hommes oififs de l'Evangile; que perfonne ne veut les louer. Voici l'ordre qu'on pourroit fuivre dans ces défrichemens, afin de pouvoir y réuffir.

D'abord, pour trouver le nombre néceffaire de travailleurs, il faut recourir au moyen que nous avons indiqué au commencement de cette troifième partie, où l'on a dit que tous les pauvres de chaque province, feront infcrits fur un regiftre par des infpecteurs, & divifés par claffes, felon les divers métiers qu'on leur deftinera, afin de s'en pouvoir fervir quand on en aura befoin. Il ne s'agit plus à préfent que de faire choix, dans la claffe qui comprend les hommes capables de l'agriculture, de ceux qui paroîtront les plus robuftes &

les plus induſtrieux , pour les employer à cette entrepriſe , ſous la
conduite des chefs nommés par la
cour, qui préſideront au travail. On
conçoit aſſez que de s'engager dans
ces ſortes d'opérations, ſans avoir
choiſi auparavant des experts, qui
ſoyent bien au fait du terrein, &
qui ſachent diriger ou commander
les ouvriers ; ce ſeroit vouloir s'em-
barquer ſur un vaiſſeau ſans pilote
ni bouſſole, & courir parconſéquent
les riſques du naufrage.

Or , afin de procéder à cette opération avec méthode , on pourra
diviſer les terres incultes en trois
parties , ſavoir ; celles qui apparrien-
nent au roi , celles qui dépendent
des communautés , & celles enfin
qui ſont au pouvoir des ſeigneurs

particuliers. Les premieres, comme elles font d'un domaine beaucoup plus étendu que les autres, peuvent donner lieu à des établiffemens plus confidérables ; les fecondes & les dernieres à proportion. Ainfi, fuivant le plan que l'on aura deffein de défricher, on réglera le nombre de cultivateurs qu'il faudra y employer.

On voit qu'il eft queftion d'une affez grande entreprife ; car on ne fe propofe pas fimplement de défoncer quelques arpens de bruieres, pour femer enfuite du bled à l'entour d'une bicoque, ou d'une grange que l'on auroit conftruit. Il s'agit de remuer des terreins vaftes & en friches dans toutes nos provinces, & d'employer à ce travail des milliers de citoyens miférables, qui n'ont pour vivre, d'autre métier que celui de ne rien faire.

Après donc qu'on aura rassemblé, de la façon que nous l'avons dit, par la voie des inspecteurs, la quantité suffisante d'ouvriers pour l'exploitation qu'on aura résolue; on commencera par envoyer sur la place l'ingénieur, qui tracera le plan de toutes les opérations. Il distribuera ensuite le travail, divisant les hommes par compagnies, & assignant à chacune l'ouvrage qu'elle aura à faire. On comprend sans doute que tout ceci doit avoir un but, & que tout cet appareil de culture annonce déja, pour la suite, une habitation, & sur-tout des fruits abondans pour des gens qui suent, & se donnent tant de peines. S'agiroit-il, comme

on dit, de faire accoucher les montagnes, pour n'enfanter à la fin que
des souris ?

Ce n'est pas en effet, pour abandonner aux premiers venus toutes
ces terres, que le gouvernement en-
treprendroit de les faire défricher ;
mais pour en laisser la possession,
moyennant certains impôts dans
la suite, aux cultivateurs qui, les
premiers, les auront mises en valeur.
La fin sur-tout, qu'on pourroit ici
se proposer, ce seroit de former,
dans tous ces cantons qui ne rapportent rien, de nouvelles colonies
qui peupleroient le royaume, &
accroîtroient considérablement ses
revenus, par l'industrie des nouveaux
habitans.

Si quelqu'un, au reste, prétendoit

que ce projet n'eſt beau que dans la ſpéculation; que ſi l'on vouloit le réduire en pratique, on trouveroit peut-être que l'état ne tireroit point ſes frais; je répondrois d'abord qu'il en couteroit peu pour entretenir durant ces exploitations, des gens qui travailleroient pour eux. D'ailleurs, ne les nourriroit-on pas des fonds mêmes établis pour les pauvres, puiſqu'on les auroit tous choiſis parmi ceux-ci, ſuivant le ſyſtème que nous avons déja expliqué ? Quand même le gouvernement ſeroit obligé de faire quelques avances, il eſt clair que le profit qu'il retireroit du produit de toutes ces terres, en n'y impoſant que les droits ordinaires, qui ſe levent ſur les autres biens du royaume, le compenſeroit au centuple.

tuple. Enfin qu'on fuppute tout l'argent qu'il en a coûté depuis cette derniere guerre, pour envoyer du monde dans nos établiffemens des Ifles; & on verra fi ces nombreufes troupes de fujets, fortis de la France, ne lui auroient pas été plus utiles, fi on les eût employés à faire les défrichemens dont nous parlons, & à peupler de bons laboureurs nos campagnes défertes & incultes?

Pour donner encore plus de jour à ce que j'ai dit, touchant ces efpèces de colonies que l'on pourroit établir, dans les plages ftériles de plufieurs de nos provinces : je fuppofe, par exemple, qu'on voulût en fonder une, dans un terrein affez vafte, pour contenir deux ou trois cens familles, & qui fera capable de les faire subsister par les moissons qu'elles recueilleroient de leur travail. Je commence par choisir d'abord l'endroit le plus commode & le plus sain, pour être habité, ensuite j'y fais bâtir le clocher ; car ne faut-il pas à ces nouveaux peuples une église, & par la même raison un curé, qui puisse les administrer & les instruire, comme nous en voyons dans tous les cantons habités de la France. La différence que j'y mettrois, est que sa portion fût un plus congrue, que celle des autres curés de campagne, qui, avec leur revenu de cent écus, à quoi on les a réduits, du moins jusqu'à présent, ont tout au plus de quoi vivre durant cinq ou six mois de l'année. Il faudroit, après cela, que les maisons de ces nouveaux ha-

bitans fuſſent conſtruites au tour de
de la paroiſſe, ou bien ſur une ſeule
& grande rue, de façon que chaque
cultivateur auroit ſa demeure bàtie
vis-à-vis de ſa terre.

On voit que je taille ici en plein,
ſuppoſant toujours que l'on n'eſt
gêné, ni pour le lieu, ni pour l'é-
tendue. Cependant s'il arrivoit que
le ſol qu'on voudroit exploiter fût
inégal & fort irrégulier, comme cela
pourroit être; alors il faudra ſe
régler ſuivant le local, & en tirer
le meilleur parti qu'on pourra. L'eſſentiel eſt que l'on y pratique un
chemin commode, pour le tranſport
de toutes les denrées, juſqu'aux bourgs
les plus près, où les foires & les
marchés ordinaires ſont établis. Que
l'endroit ſur-tout ou ces nouveaux

villages doivent être placés, foit en bon air & bien expofé. Sans cette précaution, les hommes n'y traîneroient qu'une vie languiffante, & bien loin d'avoir la force de fupporter les travaux de l'agriculture, ils y périroient de mifere.

De plus, chaque portion particuliere de terrein, qu'il faudra diftribuer enfuite à chacun de ces colons, pour la faire valoir, fera féparée par des foffés, ou par des hayes tout autour; tant pour la fûreté des biens, qu'afin d'en faciliter la culture. Je crois même que ce réglement là devroit s'étendre fur toutes les terres du royaume. Rien en effet ne feroit plus utile que d'enfermer par des clotures, le domaine de chaque propriétaire. On empêcheroit

par ce moyen les troupeaux , qui
vont par-tout, d'y caufer du dégat,
& le gibier n'iroit point y faire du
ravage , non plus que les chaffeurs ,
plus à craindre encore que les lapins
& les lièvres, du moins pour le fruit
des arbres. Auffi l'on a remarqué que ,
dans tous les pays, où l'on eft dans
l'ufage de faire des enclos , les fonds
font toujours mieux cultivés , & rapportent beaucoup plus que les autres.
Alors le fermier , fans fe laiffer fé-
duire par l'avantage fpécieux des vai-
nes pâtures , à quoi il renonce, met
tout à profit pour fes propres beftiaux, & n'eft point expofé à devenir
le tributaire de tous les paffans. D'ailleurs les gelées , & les autres intem-
péries de l'air , qui fouvent détrui-
fent tout dans les champs, ne pé-

nétreront pas si facilement ceux qui font fermés ; ou du moins n'y cauferont jamais tant de dommage.

Qui empêcheroit le gouvernement de faire une loi, qui obligeât chaque particulier du royaume, d'enclaver fon fonds ou fa ferme de murailles, ou de quelqu'autre maniere qui lui coûteroit encore moins ? Cet ordre feroit par-tout exécuté, pourvû qu'on foumît à une amende, applicable au profit des pauvres, tous ceux qui négligeroient d'y obéir ; car il eft fûr, qu'après qu'on auroit puni de la forte deux ou trois contrevenans en chaque province, chacun penferoit de fon côté à fe mettre en régle.

Comme la population encore a beaucoup de rapport à l'agriculture ;

il faut tâcher d'affocier l'une avec l'autre, pour qu'elles fe prêtent mutuellement du fecours, & que les colonies que nous venons d'établir fur nos terres incultes, s'y puiffent perpétuer. Il y a un moyen pour cela qui me paroît affez facile : ce feroit de marier ces laboureurs avec les pauvres filles, qui feroient écrites fur le regiftre des mandians, & dont les infpecteurs, auffi bien que les aumoniers, dans chaque diocèfe de la province, auront la lifte, ainfi que nous l'avons expliqué aux articles précédens. Cette voie, qui eft fort fimple, auroit deux avantages : celui de diminuer le nombre des pauvres, & celui d'augmenter les fujets propres aux travaux champêtres, par tous les enfans qui naîtront de ces mariages. Il faudroit à la vérité, pour arriver à ces deux fins, qu'on obligeât les hommes d'épouser les femmes qui seroient de la classe dont nous parlons. Mais auroient-ils sujet de se plaindre de ce réglement, après la grace qu'on leur accorde, en leur abandonnant des terres qui peuvent les faire subsister ? D'ailleurs, ils étoient pauvres eux-mêmes auparavant; & il ne paroît pas qu'ils fussent d'une race plus illustre que les filles qu'on leur donne.

Il ne faudroit point, sans doute, que ces mariages se fissent à l'aventure, & sans observer les règles qu'exige la nature de ce contrat & de ce Sacrement. La principale seroit que toutes celles qui se présenteroient pour contracter cet engagement, auroient

roient un certificat de vie & de mœurs , signé du curé de leur paroisse & encore de l'aumônier établi pour les instruire. Quel intérêt y auroit-il pour l'état, à ne considérer ici que la politique, d'unir des gens qui, vivant sans probité, ne seroient propres qu'à élever des enfans aussi inutiles pour le travail, que dangereux pour la société ? Nos philosophes qui déclament aujourd'hui contre le célibat, d'une façon si éloquente, font-ils bien réflexion, qu'il est beaucoup plus avantageux de laisser mourir sans postérité des libertins & des hommes corrompus, que de vouloir les obliger, par le mariage, à perpétuer leurs familles dans le royaume ?

Maintenant il seroit tems de par-

L

ler de la qualité différente des terres,
& du genre de production qui leur
pourroit convenir, afin de tirer de
nos défrichemens tout le parti qu'on
en peut espérer. Comme je ne suis
guères versé dans cette partie, & que
d'ailleurs on ne sauroit la traiter,
du moins d'une façon utile, sans entrer dans le détail immense du terroir de chaque province, & même
de chaque canton du royaume; j'ai
cru qu'il seroit plus à propos de s'en
rapporter sur cet article, au jugement ou à l'expérience des personnes intelligentes, qui composent les
divers bureaux d'agriculture, établis
nouvellement par Sa Majesté, dans
plusieurs généralités du royaume. Ces
personnes, se trouvant sur les lieux,
peuvent consulter la nature, en son-

dant, pour ainsi dire, les pays que l'on voudra défricher, pour les mettre ensuite en valeur. Le ministère pourroit, en outre, y envoyer quelques experts, tirés de l'académie royale économique, supposé, comme nous l'avons dit, qu'on l'eût fondée.

Tout le monde sait qu'en général, nous destinons nos terres à porter du bled, ou que nous les mettons en vignes. Je ne parlerai pas des premieres : je dirai seulement, en faveur des autres, qu'il y a sujet de s'étonner qu'un pays comme la France, qui produit tant de vins, en fourniffe si peu qui foyent paffables : en forte qu'il n'y a qu'une province ou deux qui nous en donnent de bons ; tous les autres étant si durs, qu'on ne

fauroit prefqu'en faire ufage, à moins
que de vouloir paffer la mer avec
eux, pour les aller boire en Angleterre. Auffi, quelle quantité de vins
étrangers ne voit-on pas entrer dans
le royaume, qui en font cependant
fortir un argent confidérable, pour
nous appauvrir ? Cela n'arriveroit
point, fi les nôtres fe trouvoient
meilleurs ; & pouvoient du moins
être fervis à la table des honnêtes
gens, plutôt que deftinés à la boif-
fon des domeftiques, qui le payent encore exceffivement cher. On peut, malgré cela, y remédier par un moyen
affez facile. C'eft d'ordonner qu'on
ne plante jamais les vignes que fur
des côteaux, qui feront bien expo-
fés, & dont le terrein foit propre à
donner au fruit la meilleure qualité.

On retireroit deux grands avantages de ce réglement, s'il étoit bien observé par-tout. Le premier, c'est que nos meilleures terres alors seroient réservées pour le froment, le seigle & les autres grains, qui sont des denrées beaucoup plus néceffaires que le reste. Le second avantage, c'est qu'on n'employeroit en vignes que les collines, qui sont la plûpart incultes ; parce que la charue n'y trouvant aucun accès, les hommes ne peuvent les faire valoir qu'à force de bras : ce qui les épuise eux-mêmes, & ne leur rend presque aucun profit. Le vin outre cela seroit bon, & sa liqueur parfaite nous dédommageroit, soit pour la vente, soit pour notre propre usage, de la quantité que nous y perdrions. Quel mal

L iij

y auroit-il après tout, que nos gre-
niers fuſſent remplis, & qu'il n'y eût
dans nos caves qu'une meſure ſuffi-
ſante de vin, dont la qualité vaudroit infiniment mieux, pour la ſanté,
que l'abondance nuiſible de celui que
nous avions auparavant ?

Je n'ai plus, en finiſſant cette matiere, qu'un mot à dire touchant ces
terres abandonnées, qui appartiennent aux villes, & qu'on appelle vul-
gairement les *communes* ; parce que
chacun à droit d'y mener paître ſes
troupeaux. Or tous ces pacages ne
ſont d'aucune utilité, ni pour le public, ni pour les particuliers ; parce
que n'étant point du tout cultivés,
ils ne peuvent fournir au bétail, qui
n'y laiſſe jamais à l'herbe le tems de
pouſſer, qu'une maigre nourriture,

plus propre à l'affammer , qu'à lui servir d'aliment. Autant vaudroit faire brouter les brebis dans une aire où fur les grands chemins. Cependant ces terres , fi on les défrichoit, pourroient beaucoup rapporter aux communautés, foit en bleds, foit en prairies artificielles , dont l'utilité eft aujourd'hui reconnue par - tout , pour multiplier les beftiaux, & pour fumer enfuite les terres. On pourroit même, dans tous ces fonds arides & déferts , conftruire des hameaux, ou des fermes confidérables pour les villes , en les peuplant de bons cultivateurs.

L iv

CHAPITRE II.

Les avantages que l'état peut retirer des pauvres, en les occupant dans chaque province, aux travaux publics.

COMME aujourd'hui l'entreprise des bâtimens en tout genre, tant de ceux qui concernent la commodité des villes, que de ceux qui regardent leur décoration, paroît être fort en vogue; & que toutes nos provinces, à l'exemple de cette capitale, s'appliquent à élever des monumens utiles & de conséquence; il semble que c'est entrer dans le goût de la nation, & contribuer en quelque façon au bien public, que de proposer ici les moyens de faire fervir nos pauvres à ces fortes de travaux. On va faire voir qu'en occupant de cette forte les mendians, l'état y trouvera deux grands avantages ; l'un, de les faire fubfifter à peu de frais ; l'autre, de laiffer aux campagnes les payfans, qui quitteroient la culture des terres, fi on les admettoit au nombre des ouvriers.

Après avoir d'abord fuppofé que les pauvres, par les réglemens de police dont on a déja parlé, nous peuvent continuellement fournir des troupes auxiliaires, pour l'exécution des projets économiques que l'on auroit deffein d'entreprendre, il s'agit dans cet article de voir quels font les travaux particuliers, auxquels il eſt plus avantageux de les employer. Je les réduis à trois principaux : 1°. les édifices publics ; 2°. les canaux qu'on pourroit faire pour faciliter le commerce ; 3°. les grands chemins. Je ne m'arrêterai, fur chacun de ces objets, que pour y faire des réflexions qui, quoique courtes, n'en feront pas moins utiles.

Pour ce qui regarde, en premier lieu, l'architecture, quand elle ne feroit fimplement qu'une mode aujourd'hui parmi nous, comme on le diroit, en voyant l'empreffement que chacun a de bâtir : il eft toujours certain, qu'elle a du moins un avantage, qui eft de faire circuler l'argent dans tout le royaume, & d'entretenir une infinité de gens, qui, fans elle, mourroient de faim. Les édifices publics ont une utilité, qui eft encore plus étendue, & plus durable que ceux des simples particuliers. Outre qu'ils peuvent faire vivre tous les mendians d'une province, ils servent non-seulement à la décoration des lieux, où on les construit, mais encore à la commodité du citoyen ; qui est ce qu'on doit sur-tout se proposer dans ces sortes d'entreprises. Quel bien, par exemple, ne procure-t-on pas aux habitans d'une ville, lorsqu'on y fait bâtir de grandes places, des marchés, des magasins pour les denrées, des hôpitaux, des cazernes, des quais, des ports, des fontaines ?

Un point, qui seroit à desirer qu'on observât toujours dans les ouvrages publics, c'est qu'on les exécutât de façon, que l'entretien & les réparations ordinaires ne pussent jamais obliger à de groffes dépenfes, qui ruinent enfuite les communautés, quand il eft queftion de les faire. Ce défaut vient ordinairement de la mauvaife foi des entrepreneurs qui employent de méchans matériaux, ou bien de leur ignorance; parce qu'ils ne fçauront pas conduire un bâtiment. Ne vaudroit-il pas mieux, pour s'épargner tant de frais à pure perte, qu'il y eût, dans chaque province, deux ou trois architectes habiles & penfionnés des états, pour préfider à tous les travaux publics qu'il s'agiroit de conftruire, même dans les plus petites villes; ou du moins qu'ils en donnaffent le plan, & euffent quelqu'infpection enfuite fur les ouvriers?

On fçait que dans les bourgs & les petites villes de province, l'on conf-

truit tous les jours, à la charge des
habitans, des monumens ridicules &
de fort mauvais goût ; quoique les
officiers municipaux qui les font élever, à l'envi les uns des autres, pour
illuſtrer leur conſulat, les regardent
comme autant de chef-d'œuvres de
l'art. Cela arriveroit-il, ſi les états de
chaque pays prenoient le parti de
faire diriger tous ces ouvrages par
des experts, qui les rendroient commodes, ſolides, & moins diſpen-
dieux ?

Ce qu'il y auroit de bien eſſentiel
encore pour la ſûreté & pour la
durée, de ces édifices ; il faudroit que dans leur conſtruction, ainſi
qu'on vient de le pratiquer pour la
nouvelle halle de Paris, l'on n'em-
ployât jamais aucune matiere com-

buſtible, afin de prévenir les incen-
dies, qui, non-ſeulement les détrui-
ſent, mais entraînent encore ſouvent
dans leur ruine les maiſons qui ſe
trouvent aux environs ; ſans parler
des perſonnes qui ſont conſumées par
le feu. Les accidens de cette nature,
qui arrivent tous les jours, & rédui-
ſent quelquefois à l'aumône des milliers d'habitans, devroient ſans doute
nous avoir appris à les éviter. Malgré
cela, ne charge-t-on pas toujours de
poutres & de planchers les murailles
de ces bâtimens, & leur comble n'eſt-
il pas, pour l'ordinaire, rempli de
charpente ? On penſe apparemment
qu'aujourd'hui le feu n'a plus de priſe
ſur le bois, & que la foudre même
doit le reſpecter.

Je n'entrerai point dans la deſ-

cription particuliere de tous ces monumens, ou édifices que je viens de
nommer : ce détail m'écarteroit trop
des vûes générales, qui doivent uniquement entrer dans un plan tel que
celui-ci. Je dirai seulement, pour finir
ce chapitre, un mot sur les fontaines
publiques. J'ajouterai quelques réflexions ensuite touchant certains abus,
qui rendent nos villes mal-saines , &
qu'il seroit fort à propos que la police tâchât de supprimer.

Rien n'est plus agréable dans une
ville que les eaux jaillissantes ; rien
aussi qui l'embellisse davantage. On
le voit par les fontaines de Rome ,
qui, par leur variété, & l'art dont
elles sont distribuées dans tous ses
quartiers, fait dire à toutes les personnes de goût, qui les ont vues, que

c'eſt un ſéjour délicieux ; & qu'il n'y en a aucun qu'on puiſſe, dans les autres pays, comparer à celui-là. Pourquoi donc ſe priver de cet agrément, lorſqu'on pourroit ſe le procurer ; puiſque les eaux ne nous manquent pas. Il eſt bien ſûr que, ſi dans le temps qu'on a conſtruit tant de fontaines dans Paris, l'on avoit fait comme à Rome, nous jouirions aujourd'hui du même avantage, & cette capitale offriroit par-tout un ſpectacle, qui, non-ſeulement ſerviroit à ſa décoration, mais charmeroit encore ſes habitans.

Que ſont nos fontaines, en effet, de la façon dont elles ſont conſtruites ? Ce ne ſont que des maſſes de pierre qui ne diſent rien : on auroit même de la peine à les deviner, ſi l'on l'on n'appercevoit, en paſſant, des porteurs d'eau qui viennent pour y puiſer. Je conviens ſans difficulté que la fontaine de la rue Grenelle, & celle encore des SS. Innocens, ſe diſtinguent particuliérement des autres, & que ce ſont des morceaux, à la vérité, qui méritent d'être vus. Mais ce n'eſt pas certainement la fontaine qu'on admire, puiſque l'eau n'y paroît point; c'eſt ſeulement l'architecture, & les ornemens de ſculpture qui l'accompagnent. Croira-t-on jamais, après avoir parcouru tous ces monumens, qui paroiſſent ſi arides, que quelqu'un ſoit tenté d'appliquer à la Seine ce beau vers de Santeuil ?

Fons fieri gaudet, qui modò flumen erat,

M

Il eſt vrai que l'on n'auroit guères
pu élever des fontaines jailliſſantes
dans certaines rues, parce qu'on y
étoit trop gêné par la ſituation du
terrein. Mais combien n'avoit-on pas
d'endroits ſpacieux, où il étoit très-
facile d'en mettre; & où l'on auroit
pu étaler alors ce que l'art & l'induſtrie peuvent offrir de plus piquant en
ce genre ? Rien enfin ne devoit empêcher d'en conſtruire au milieu des
places publiques : les ſtatues équeſ-
tres, & la riche façade des hôtels qui
les entourent, non-ſeulement n'auroient rien perdu par ce nouvel or-
nement; mais elles auroient encore
paru plus magnifiques & plus riches.
Il faut eſpérer que le tems, qui amène
tout, nous ouvrira les yeux là-deſſus;
& que Paris pourroit, peut-être bien,

un jour le difputer à la ville de Rome pour la décoration de fes fontaines ; & par l'artifice admirable des eaux, que l'on verra jaillir pour la premiere fois.

Pour venir maintenant à ce qui rend nos villes mal-faines , rien ne femble y contribuer davantage que la malpropreté des rues , & auffi la liberté entiere qu'on laiffe aux habitans d'élever les maifons à la hauteur qu'ils veulent. A l'égard de la faleté, on peut dire qu'elle vient fur tout de ce que les eaux y croupiffent , faute d'avoir de la pente pour s'écouler. Cet inconvénient eft encore plus grand , lorfqu'il arrive que les rues font étroites. Il eft certain que fi le pavé étoit toujours bien fec, on ne feroit plus incommodé alors par l'infection d'une

eau qui reçoit toutes fortes d'immon-
dices, fans qu'elle fe puiffe évacuer.
Il eft vrai qu'il n'eft pas poffible de
remédier au défaut de largeur des
rues, fans mettre à bas les bâtimens;
ce qui feroit ruiner alors les propriétaires des maifons, fous prétexte de
vouloir leur donner un peu plus d'air.
Mais ne peut-on pas du moins, quand
on vient à paver ces endroits là,
faire niveller le fol par un ingénieur,
pour hauffer enfuite le terrein ou
le baiffer, de façon que le ruiffeau
eût de la pente fuffifamment, & que
l'eau ne pût jamais après cela y fé-
journer ?

Quant à ce qui concerne la hauteur des maifons, il eft vifible que
c'eft encore un abus, auquel la police a droit de s'oppofer par un ré-

glement, qui défende de les exhauf-
fer au-delà d'une certaine mefure,
qui devroit par-tout être uniforme :
mais elle feroit plus néceffaire encore
dans certaines rues , qui n'ont pas
une largeur fuffifante. N'eft - il pas
en effet fingulier, qu'un fimple bourgeois prétende élever fa maifon jufqu'au ciel, & que pour augmenter fes
loyers , à mefure qu'il multipliera
les étages, il prive tous fes voifins
du jour & de l'afpect du foleil qui ,
jufqu'alors , les avoit éclairés , &
faifoit leur principal agrément?

Outre cet inconvénient qui, fans
doute n'eft pas léger, cette éléva-
tion exceffive des maifons eft caufe
que l'air eft très-mal-fain, fur-tout
dans les petites rues ; parce que fe
trouvant arrêté par tous ces bâti-

mens , il ne fauroit s'y renouveller.
Il eft vrai que les locataires qui ha-
bitent le feptième étage , pourront
dire avec raifon qu'ils font affez aërés ;
mais auffi tous les particuliers qui
feront logés dans le bas ou au rez-
de-chauffée , diront qu'ils refpirent
fous une zone différente , quoiqu'ils
demeurent pourtant dans une même
maifon. Dans Paris, nous avons pour
le moins deux cens rues, conftruites
de cette façon , & dans lefquelles
plus de cent mille habitans vivent
comme dans des cachots, fans jamais
prefque voir le jour, ni pouvoir jouir
de l'air, qui ne fauroit y pénétrer,
par tous ces obftacles qu'on vient de
remarquer.

Il eft fûr que, quand la plûpart
des bâtimens feroient moins élevés

d'un tiers qu'ils ne font, Paris ne fe trouveroit pour cela pas moins peuplé. Alors ceux qui ne pourroient fe loger dans le centre de la ville, où tout le monde s'étouffe, par la quantité des locataires qui veulent y demeurer, iroient louer des appartemens plus loin, & même s'en iroient habiter les fauxbourgs qui font déferts, plutôt que de fe réfoudre à retourner en province, où leurs affaires ne les demandent pas. Cela procureroit, il me femble, un grand bien à cette capitale ; puifque l'argent alors y circuleroit partout, & fon commerce s'étendroit même davantage. On feroit du moins par-là plus au large, & les citoyens s'en porteroient beaucoup mieux.

La raifon dit, fans doute, qu'il

n'eſt pas queſtion de tout abattre ce qu'on. vient d'expoſer , n'eſt qu'un projet de police, concernant les mai-ſons qu'onpourroit conſtruire,ou bien rebâtir dans la ſuite. Alors rien ne pourroit empêcher qu'on ne fixât leur plus grande hauteur à quatre étages , ſans comprendre le grenier ou les galetas. Les maiſons en ſeroient plus ſolides, & ne menaceroient pas à chaque inſtant d'écraſer par leur chûte, les perſonnes qui ſont dedans, & ceux qui ſont dehors. Elles rap-porteroient auſſi plus de revenu aux propriétaires ; parce qu'étant plus commodes, ils pourroient les louer davantage. On n'auroit point enſuite un ſi grand nombre de réparations à faire, par la raiſon que les maîtres ſeroient moins chargés de logemens,

qu'il

qu'il leur faut toujours entretenir.
En voilà affez fur cet article, qui
ne finiroit pas, fi nous voulions l'ap-
profondir. Venons maintenant aux
canaux navigables, qu'il s'agiroit
d'entreprendre, pour augmenter notre commerce, & dont la conftruction feule pourroit encore occuper,
& faire vivre tous les pauvres de
l'état.

On peut dire qu'il n'y a rien qui
puiffe répandre plus l'abondance dans
les provinces du royaume, & fur-
tout dans celles qui fe trouvent éloignées de la mer, ou du cours des
rivieres, que les canaux de communication, que l'on ouvre dans les
terres, pour le tranfport de toutes
fortes de marchandifes ou de denrées, qui, fans cela, ne pourroient

N

être voiturées pour la confommation
des différentes villes , qu'à gra;.ds
frais & à pas de chevaux , au rifque
enfuite d'être altérées , & fouvent
d'être entierement perdues. Confi-
derez en effet les pays où ces fortes
de canaux font pratiqués, comme la
Hollande ; vous y verrez affurément
une différence très-marquée, foit pour
la fertilité du terroir , foit pour
l'activité du commerce. L'état fe peut
comparer à un corps vivant : il faut,
pour le maintenir dans fa vigueur,
que toutes les productions, ou néceffaires , ou fimplement utiles à la
vie , y puiffent circuler fans interruption , de même que le fang & les
autres humeurs circulent dans le
corps humain. Or qu'arrivera-t-il ,
fi ce mouvement naturel ; je veux

dire, le cours continuel du commerce dans un royaume, fe trouve arrêté par des obftacles infurmontables, ou qui font trop difficiles à vaincre ? Alors il fe formera, pour ainfi dire, un dépôt, qui fera enfler certaines parties de l'état ; & les autres refte-ront dans la féchereffe ou la langueur. En voulez-vous ici la preuve ? Jettez les yeux fur nos ports de mer, ou bien tranfportez - vous dans quel-qu'une des villes, qui font fituées fur nos rivieres les plus marchandes : comparez enfuite, pour la richeffe & pour l'aifance, ces endroits là, aux cités qui en font féparées par de longs & de mauvais chemins ; vous verrez alors qu'il y a entre ces der-nieres villes & les premieres, autant de difparité, que nous en trouverions

N ij

entre le magasin d'un riche négo-
ciant, & la boutique d'un simple
mercier de village.

On cherche aujourd'hui en France,
par toutes sortes de moyens, à faire
fleurir le commerce : depuis plus de
dix ans nous n'entendons parler nos
écrivains spéculatifs, que de création
de nouvelles compagnies, d'exportation, d'importation, de manufactures.
Quand toutes ces vûes feroient bonnes
& même aussi justes qu'on veut les supposer, la raison nous démontre qu'elles
ne sauroient guères nous être utiles,
qu'autant que l'on facilitera, dans
tout le royaume, le transport ou la
circulation des marchandises & des
denrées, par la voie des canaux de
communication dont nous parlons.
Voyez en effet la Hollande, comme

je l'ai déja dit, qui brille aujourd'hui plus que tous les autres états par le commerce. Son terroir en général est stérile ; mais elle a su par son industrie, & par le saignement de ses rivieres ou des eaux de la mer, le faire valoir, & y porter par-tout l'abondance. Aussi montrez-moi ailleurs un pays qui soit coupé par autant de canaux, au moyen desquels on peut voyager par-tout à peu de frais, & voiturer encore avec la même facilité, d'une ville à l'autre, tout ce qui se vend, & tout ce qui s'achete.

Il est vrai que la Hollande, dont les terres sont assez unies, & même fort basses, par rapport à la mer, a trouvé par-là, une facilité que nous n'avons pas en France, pour l'exécution de ces fortes d'ouvrages. Mais cette difficulté n'a point cependant empêché qu'on ne les ait entrepris, dans quelques-unes de nos provinces, comme en Languedoc, & que nous n'en foyons venu à bout.

J'avoue que ce n'eft point là une légere entreprife, puifqu'il faut vaincre de grands obftacles, & qu'il s'agit outre cela d'avancer bien des millions, pour en voir la fin. Mais fi l'on compare ici le profit immenfe qui en revient, à la dépenfe qu'il faut faire ; on trouvera que celle-ci n'eft prefque rien auprès de l'autre. L'avantage, en un mot, que l'état peut retirer des canaux de navigation, ne fauroit jamais s'apprécier.

En effet, outre le commerce qui eft l'effentiel, quel bien un ouvrage de cette nature ne procure-t-il point à toute une province, & même à plu-sieurs? Une partie des terres font-elles inondées par des marais, qui les ren-dent incapables de culture, & infec-tent les habitans ? On pourra donner à ces eaux une pente vers le canal, & ces fonds alors deviendront fertiles. Le pays manque-t-il de fourrages par l'aridité de fon terroir, qui n'eft point arrofé ? Le canal qui le traverfera, lui peut procurer des pâturages abon-dans : en forte que les bœufs ou les chevaux, néceffaires à l'agriculture, auffi bien que le bétail qui nous four-nit le lait & la laine, y trouveront leur nourriture. C'eft une fource enfin qui porte la vie par-tout, par fes eaux fécondes; & qui enrichit tous

N iv

les lieux qui fe trouvent fur fon paffage.

Parlons maintenant des chemins, le troifième objet qui nous refte à examiner fur les travaux publics, auxquels on peut occuper encore les mendians, afin de pouvoir les faire fubfifter. On peut dire que fi, dans un pays tel que la France, les canaux font utiles, & en quelque façon néceffaires pour le progrès du commerce ; les grandes routes & les chemins commodes, ne font pas moins de conféquence. Il eft même conftant qu'ils font d'un ufage encore plus fréquent & plus étendu ; puifqu'il eft vifible qu'on ne fauroit, fans cela, entretenir jamais aucune communication, d'un lieu à un autre, pour s'envoyer réciproquement les chofes que l'induſtrie ou la nature produiſent, pour les befoins de la vie, dans les diverſes provinces. Cependant on ne peut ignorer que cette partie eſt en général fort négligée dans le royaume. Car excepté les chemins des environs de Paris, & ceux encore du Languedoc, qui font fort beaux, prefque tous les autres font ſi rompus & ſi mauvais, que les hommes & les chevaux ont toute la peine du monde à s'en pouvoir tirer. On voit même, durant l'hyver & après les pluyes, que les chaiſes & les charrettes s'y enfoncent par deſſus l'eſſieu, & font quelquefois dans la néceſſité d'y reſter, en attendant le dégel, ou jufqu'à ce qu'une main fecourable les vienne dégager du précipice.

J'ai vu, moi-même, dans un voyage que je faifois en Provence, des voitures qui étoient depuis plufieurs jours embourbées dans le chemin, & qu'on ne pouvoit jamais, à force de mulets, venir à bout de faire fortir des boues. Ceux qui ont parcouru les divers endroits du royaume, & fur-tout le Berry, peuvent favoir, par leurs propres yeux, fi j'outre ici la vérité, & s'il eft poffible de voyager dans la plûpart de nos provinces, fans courir le rifque de fe perdre parmi des chemins qui font impra-ticables.

Il eft vrai que de tems à autre on les répare; c'eft-à-dire, qu'à certains

jours, l'on ordonne des corvées ; &
vous voyez alors venir tous les payfans des environs, avec leurs brouet-
tes, pour y décharger des pierres,
qu'ils entaffent fans aucune façon
tout du long. De forte qu'après cela,
le chemin paroît pire que fi l'on n'y
avoit rien fait ; & les chevaux enfuite ont mille difficultés de s'en tirer.
Je ne parle point des cahots conti-
nuels qu'y éprouvent les voitures: on
fait que ces violentes fecouffes les
expofent à verfer à chaque inftant,
& que l'effet ordinaire de ces chûtes,
eft de fracaffer toutes les perfonnes
qui fe trouvent dedans.

Or toutes ces réparations font,
comme l'on voit, non-feulement inutiles ; mais il faut encore que le laboureur quitte la culture des terres,

pour venir perdre fa peine & fon tems, qui eft cependant, ce qu'il a de plus précieux. Il eft vrai qu'on charge quelquefois de cette opération des entrepreneurs, qui font plus au fait de cette befogne que nos payfans ; mais l'ouvrage n'en vaut guères mieux ; parce que ceux-là le prenant à fort fait, ils payent leurs ouvriers le moins qu'ils peuvent. D'ailleurs ils s'embarraffent fort peu que le travail foit folide, pourvu qu'ils en puiffent bientôt voir la fin, & qu'on leur compte l'argent qu'ils demandent.

Le moyen, ce me femble, de remédier à tous ces abus, & d'avoir en France de bons chemins, qui ne fuffent point dans le cas d'être refaits, ou du moins réparés tous les ans. Ce feroit d'établir pour toujours, une

compagnie royale d'ingénieurs & architectes, qui fussent occupés uniquement à leur construction ; ensorte
que chaque département ou province
du royaume eût trois ou quatre de ces
ingénieurs , qui feroient obligés d'y
résider , pour avoir la direction des
chemins , & présider aux travaux ;
afin que l'ouvrage se fît , selon les
règles , & que l'on ne fût pas toujours obligé d'y revenir. Ces architectes , en un mot, dresseroient tous
les plans, feroient les devis , & auroient soin sur-tout d'examiner si les
entrepreneurs , chargés de l'exécution , employent les matériaux nécessaires , pour la solidité , & s'ils
remplissent les conditions auxquelles
ils se sont engagés ; afin de les obliger
ensuite de refaire , à leurs propres

frais, la partie qu'ils auroient négligée.

Cependant, comme peut-être le
travail & les foins ne fuffiroient pas
pour réuffir dans cette entreprife,
qui eft certainement des plus importantes; n'ayant point fur cela, je
crois, toutes les connoiffances, &
l'expérience néceffaires; il feroit bon
que le gouvernement propofât un
prix, plus fort fans doute qu'une
médaille d'or, pour l'auteur qui éclai-
ciroit & traiteroit le mieux cette
queftion, que je doute qu'on ait,
jufqu'ici, examinée à fond; favoir:
Quelle étoit la théorie & la pratique
que fuivoient les Romains, pour la
conftruction de leurs grands chemins?
Enforte que, dans ce mémoire, on
fît bien connoître la nature & la

compofition des matériaux, dont ils
fe fervoient ; qu'on expliquât enfuite
la façon dont ils favoient les mettre en œuvre, pour faire ces chemins folides, qui fubfiftent en France
encore aujourd'hui , du moins en
partie , quoiqu'ils foyent conftruits
depuis plus de deux mille ans.

Après qu'on auroit découvert ce
fecret, mis en pratique par les anciens, nous pourrions nous en fervir auffi bien qu'eux ; & nos chemins enfuite dureroient autant que
ceux de Rome. Il faudroit, à la vérité, pour les conftruire de cette façon , faire de la dépenfe ; mais auffi
en coûte-t-il bien davantage, quand il
faut toujours recommencer, & que
ce travail même devient inutile, par
toutes les raifons qu'on vient de dire.

Je crois fans difficulté, qu'il vaut mieux faire une fois pour toutes les frais d'une maifon neuve, que de fe ruiner à force d'étayer un vieux bâtiment, & rifquer encore d'être écrafé par fa chûte.

On pourra enfuite établir, tant pour l'entretien de ces nouveaux chemins, que pour le rembourfement des avances confidérables faites par les états de chaque province pour les conftruire, quelques droits modérés ou péages, feulement pour un temps. Ces droits fe prendroient fur les charrettes & fur les voitures; & l'on n'exigeroit rien des perfonnes qui voyagent à cheval. Les rouliers & les conducteurs de carroffes, auroient d'autant moins fujet de fe plaindre de cette taxe, quils trouveroient

veroient qu'on leur épargne beaucoup de frais & de peines qu'il leur
falloit auparavant essuyer dans des
routes difficiles , & même souvent
impraticables.

J'ajouterai de plus , qu'il seroit
avantageux de border ces chemins
d'arbres tout du long. Par ce moyen,
les passans seroient à l'ombre ; & les
communautés ensuite tireroient de
ces plantations un grand profit, par
le fruit qu'elles produiroient: comme
des glands , si c'étoient des chênes,
ou de la feuille pour la nourriture
des vers à soye, si l'on pouvoit y
faire croître des mûriers. Outre cela,
ces arbres affermiroient le terrein,
& serviroient par-tout de bornes,
qui empêcheroient que l'on empietât
sur les terres, pour y frayer de nou-

veaux fentiers, au dommage des différens propriétaires.

Une commodité que l'on pourra joindre encore à tout cela, & qui ne feroit pas peu utile, fans doute ; ce feroit de conftruire, fur ces chemins, des auberges de fix en fix grandes lieues, qui font une demi-journée. Ces établiffemens au refte, ne coû-teroient rien, puifqu'on permettroit fimplement de les bâtir à tout par-ticulier qui en voudroit faire les frais. Il ne manqueroit pas de gens alors qui fe préfenteroient pour tenir ces cabarets ; parce qu'ils feroient fûrs d'y trouver du profit, les grandes routes ne manquant jamais de monde. D'ailleurs beaucoup de voyageurs font fâchés de fe voir obligés de fe détourner fouvent, pour aller chercher des auberges dans les villes, où ce qui eſt plus incommode encore, d'entrer dans de méchans villages, pour payer fort cher un mauvais dîner, & quelquefois une couchée, qui les met encore de plus mauvaiſe humeur.

Venons à préſent aux petits chemins qui ſortent des grandes routes, quand on s'en écarte pour aller aux bourgs & aux châteaux, ſitués dans les campagnes, ou pour ſe rendre aux petites villes, qui ſont peu fréquentées. On ne ſauroit nier que ces chemins, quoiqu'inférieurs aux premiers, ne ſoyent cependant auſſi de conſéquence, & ne méritent d'être entretenus avec beaucoup de ſoin. Car qui ne ſait que l'état politique eſt comme un grand arbre, auquel

les moindres rameaux font auſſi eſſen-
tiels, pour le nourrir & le conſer-
ver, que les branches les plus fortes?
On voit en effet que toutes les pro-
viſions, ou du moins la plus grande
partie, qui ſe conſomment dans les
capitales, & les principales villes de
nos provinces, y arrivent des fermes & des villages, d'où les payſans
les apportent. Or la plûpart de ces
villages & de ces campagnes ſont
éloignés de pluſieurs lieues; & même
ſouvent de plus d'une journée des
grandes villes.

Il importe donc plus qu'on ne
penſe, puiſque c'eſt de la campagne
& des lieux les plus reculés, que
nous tirons preſque tout ce qui eſt
néceſſaire à la vie, d'avoir avec tous
ces endroits là, une communication

libre, par des chemins qui ne foyent pas rompus ni inacceffibles , comme ils le font d'ordinaire pour la plupart. D'ailleurs ces petites routes coûteront bien moins que les autres à réparer, & pourront encore fe foutenir long-temps, fans être dégradées par les charrettes ou les carroffes, qui n'y paffent prefque jamais; parce que les fruits & les denrées qu'on y tranfporte pour les villes, fe chargent fur des chevaux ou fur des mulets.

On peut dire enfin que, fi tous ces petits chemins étoient plus aifés, ou du moins n'étoient pas fi affreux qu'ils le font, & fur-tout fi les droits d'entrée fur les marchandifes de néceffité n'étoient pas fi durs à payer; alors tout abonderoit dans les villes

du royaume, & il n'y feroit plus
si cher vivre. On conçoit en effet que
si les gens de la campagne pouvoient
aborder nos villes à moins de frais
& avec plus de facilité, ils nous ven-
droient sans doute la volaille, le
gibier, & toutes les autres provisions qu'ils apportent, à un prix plus
raisonnable : de façon que les gens
qui n'auroient qu'une fortune médiocre, & les moindres bourgeois
pouvant les acheter ; on ne diroit
plus de la France, que c'est un pays
de délices pour ceux qui sont opu-
lens ; & qu'il est très-misérable
pour les personnes qui ne le sont
pas. Le commerce, en un mot, y
gagneroit, & reprendroit son lustre ;
parce que les denrées ayant alors un
plus grand débit, le cultivateur qui

les vend, auroit le moyen d'acheter
les productions de l'induſtrie ; comme les étoffes, les toiles, & les
autres ouvrages de nos manufactures,
dont il peut avoir beſoin ; mais qu'il
ne ſauroit ſe procurer, lorſqu'il ne
peut ſe défaire des choſes qu'il ap-
porte.

CHAPITRE III.

Les avantages que l'état peut retirer des pauvres, en les occupant aux diverses manufactures.

JE ne rapporterai pas inutilement ici ce que j'ai dit, dans les parties précédentes, touchant les regiſtres publics, ſur leſquels ſeront écrits, par des officiers de police, tous les mendians des deux ſexes, qui ſe trouveront dans chaque province, afin de pouvoir enſuite les employer ſelon leurs talens à différens métiers.

Il s'agit à préſent des manufactures : matiere vaſte, qui demanderoit ſeule un traité, s'il étoit queſtion de l'examiner dans toute ſon étendue. Je me contenterai donc d'en parler

parler en général, pour me donner lieu simplement de faire quelques réflexions, qui seront relatives au plan économique que je vais continuer d'expoſer.

Les arts enfantés d'abord par le befoin, & perfectionnés enſuite par l'induſtrie, ont fait naître les manufactures, auſſi néceſſaires aujourd'hui parmi nous que l'agriculture. Pour me borner à celles qui viennent plus directement à mon but, je les réduis à trois claſſes principales, qui comprennent chacune encore divers métiers. La fabrique des draps, la fabrique des toiles, & la fabrique des étoffes en foie : trois objets que l'on peut regarder comme autant de branches eſſentielles du commerce qui ſe fait à préſent dans le royaume,

P

foit pour la confommation intérieure, foit pour l'exportation à l'étranger. Ce n'eft point, au refte, que je prétende exclure nos pauvres de tout autre genre de travail ; puifque la fin unique de mon projet, eft de les occuper en les rendant utiles. Mais il m'a paru que les objets que je viens d'indiquer, font des voies plus faciles & même plus affurées, pour leur fournir les moyens de s'occuper, & de faire par-là fleurir le négoce qui languit, quand la main-d'œuvre eft rare, ou lorfqu'elle devient trop chere.

D'abord il faudroit que le Gouvernement décernât une récompenfe ou quelque gratification à tous les fabriquans qui recevroient dans leurs atteliers un certain nombre de pau-

vres ; pourvû cependant qu'ils fuffent écrits chacun fur les rôles publics dont on a parlé ; afin qu'on pût
être sûr que ce font véritablement
des mandians. Cette gratification, au
refte, ne coûteroit rien à l'état, puifqu'elle fe pourroit prendre fur la
caiffe des pauvres établie, comme
nous l'avons dit, dans chaque province. Les fonds, d'ailleurs, ne di-
minueroient point par cette fouftrac-
tion, puifqu'à mefure que les pauvres
qu'ils entretiennent fe trouveroient
placés, on pourroit leur tetrancher
tout ce qu'on étoit obligé de leur
fournir. Ainfi, ce feroit faire, comme
l'on dit, le rempart avec la terre
qui fe tire du foffé. Chacun alors y
gagneroit : le commerçant, parce que
les ouvriers lui coûteroient moins,

& ensuite le public, qui pourroit avoir les étoffes à meilleur marché.

Qui empêcheroit d'établir, outre cela, pour les pauvres exclusivement, de nouvelles manufactures dans chaque ville un peu considérable du royaume ? D'abord nos hôpitaux & nos maisons de charité paroîtroient assez propres à ces sortes d'établissemens, supposé qu'on y pût trouver l'emplacement convenable pour cette œuvre ; outre que ces maisons, en recevant les mendians qui se présenteroient, pourroient faire travailler encore, avec eux, les pauvres qu'elles nourrissent. Le gain ensuite seroit partagé & réparti également sur les uns & sur les autres, à proportion de leur travail. Il y auroit, dans ces hôpitaux, encore un avantage pour les ouvriers; ce font les fecours fpirituels & les exercices de religion , qui ne font guères en ufage chez les gens de commerce, qui préfèrent, la plû-part, comme Éfaü, la graiffe de la terre à la rofée du ciel.

Cependant, quoique ce travail ne puiffe être que fort utile à tous ces hôpitaux, & qu'on doive même l'en-courager, il fera encore plus avanta-geux, ainfi que nous l'avons dit, de créer dans chacune de nos provinces de nouvelles manufactures ou fabri-ques, pour y envoyer tous les men-dians & les pauvres, afin de pouvoir les occuper à différens ouvrages, fui-vant leurs talens & leurs forces. De ces fabriques, les unes feront pour les hommes, & les autres pour les femmes. Celles-ci, par exemple, s'ap-

pliqueroient à filer la laine ou le
lin , qu'on enverroit enfuite aux
ouvriers, pour faire les draps ou fabriquer les toiles, dont les piéces feroient après cela vendues au profit
commun. Ces ouvrages ne feront peut-
être pas de la premiere qualité, ni
deftinés pour les gens qui fe piquent
de n'employer à leur ufage que ce qu'il
y a de plus fin; mais du moins ils feront bons, & il pourra même s'en
faire une groffe confommation pour
le peuple, & d'autres gens qui fe
contentent du commnn & du folide.
On pourroit encore en envoyer dans
nos colonies, où l'état eft obligé tous
les ans de fournir, en pacotilles, de
ces fortes de marchandifes, qui re-
viennent affez cher, fans être, malgré cela, auffi parfaites que feront

celles - ci pour la condition.

Toutes ces manufactures feroient autant d'établiffemens royaux, fous la protection de Sa Majefté, afin d'empêcher, fous ce titre, les différens corps de métier, ou les jurés de leur nuire, ni de les troubler dans l'exercice de leur commerce. Les autres fabriquans crieront, fans doute, en voyant paroître ces nouvelles communautés d'ouvriers, foutenus par la Cour. Mais, dès qu'ils verront que toutes leurs clameurs font inutiles, ils prendront le feul parti qui leur refte, celui de mieux faire, & de diminuer même le prix de leurs marchandifes, pour avoir, s'ils peuvent, la préférence, & s'en affurer le débit. N'eft-ce pas une bonne politique, que d'exciter parmi nos artifans l'é-

mulation & l'induſtrie, de façon qu'elles tournent au profit du public, pour
qu'il ſoit mieux ſervi.

Je crois, au reſte, qu'il ſeroit néceſſaire d'établir dans toutes ces maiſons la régle, de ne vendre jamais
leurs ouvrages au-deſſus du prix
courant des autres marchands, afin
de s'attirer, par ce moyen, la confiance des acheteurs, qui du moins
ſeront ſûrs qu'on ne les ſurfait pas,
& que l'étoffe eſt bonne. On ne voit
que trop aujourd'hui de ces artiſans
qui, s'étant aſſociés pour vivre ſous
une eſpèce de régle, & exercer dans
les villes des métiers en commun,
vous vendent enſuite, ſous l'habit de
frere & d'un air dévot, leurs ouvrages
ou marchandiſes deux ou trois fois
plus cher que les autres, quoique

la qualité souvent n'en soit pas meilleure. Le public, cependant, qui se fournit chez eux, en est d'autant plus la dupe que, s'imaginant qu'ils sont tous aussi désintéressés, qu'ils devroient l'être, s'ils suivoient l'esprit des gens de bien qui les ont établis, il leur donne tout ce qu'ils demandent, & croit encore avoir fait une bonne affaire. Je ne dis pas pour cela que cet abus soit général, & que l'exception ne doive point avoir lieu. Je ne prétends pas confondre, dans les corps dont je parle, ceux qui sont honnêtes gens avec ceux qui ne le seroient pas.

Pour ce qui regarde le travail des femmes en particulier, outre la filature des laines & des autres matieres, comme nous l'avons dit, on pourra

encore les occuper à la bonneterie &
à faire des bas à l'aiguille, ce qui n'eſt
pas un métier fort difficile. Ces ouvrages, d'ailleurs, ſeroient d'un grand
débit dans les provinces : car outre
qu'ils ſont meilleurs & toujours plus
ſolides , que ceux que l'on fabrique
au métier , ils reviendroient moins
cher encore que ceux-ci ; parce que
la main - d'œuvre coûteroit moins.
Qui empêchera qu'on ne s'en ſerve
auſſi pour la fourniture des troupes
ou des régimens? On paye d'ordinaire
fort cher des entrepreneurs, pour ſe
procurer ces ſortes de marchandiſes ,
& les ſoldats, cependant , ſont mal
pourvus : au lieu qu'en préférant l'ouvrage dont nous parlons, on ſeroit
aſſuré d'être bien ſervi, & d'épargner
encore conſidérablement.

On comprend aſſez que je ne parle point du travail de deux ou trois fabriques ſeulement , pour fournir à une entrepriſe de cette conſéquence ; mais qu'il s'agit de toutes celles qu'on pourra établir dans le royaume , ſur le modele que nous propoſons. Il ſera queſtion ſeulement de nommer dans chacune de ces maiſons une bonne directrice & des ſurveillantes, qui auront toutes un certificat de vie & de mœurs , ſigné de l'évêque ou de ſes grands-vicaires ; puiſque tout l'avantage & le fruit de ces ſortes de communautés dépend de là. Qui ne voit que, ſi l'on n'avoit pas ſoin d'entretenir, parmi toutes ces femmes, le bon ordre & un certain ſilence ; mais qu'on leur laiſsât en tout tems la liberté de jaſer , ce ſeroit alors un défordre femblable à celui de la confufion des langues.

On pourroit auffi employer ces ouvrieres à d'autres ouvrages ; à la broderie, par exemple : elles y réuf-firoient parfaitement , ainfi qu'on le voit dans plufieurs maifons de charité , entr'autres à l'hôpital gé-néral de Paris , où de jeunes filles, féparées en des falles particulieres , exécutent des morceaux d'une beauté rare , ne le cédant ni pour la richeffe , ni pour le deffein, à ce qu'il y a de plus magnifique en ce genre. Alors il fau-droit choifir, pour ce travail, celles qui paroiffent y avoir le plus de dif-pofition; & l'on en formeroit une claffe, qui ne feroit occupée qu'à ces fortes d'ouvrages. Peut-être vaudroit-il encore mieux n'appliquer jamais

perfonne, dans ces maifons, aux étoffes de luxe, parce que tout cela les dé-
tourne ordinairement du folide. Il ne
manque pas, d'ailleurs, dans le royaume de gens qui travaillent aux chofes
de mode, tandis qu'on néglige par-
tout l'utile & le néceffaire.

Nous voyons aujourd'hui une infinité
d'artiftes, réduits à l'aumône, qui fe
plaignent par-tout que les métiers ne
vont pas Faut-il en être furpris? comme fi l'on pouvoit ignorer que le commerce de luxe diminue toujours à
proportion que l'argent devient rare:
car ces fortes de marchandifes ayant
pour lors moins de débit, il doit arriver néceffairement qu'une grande
partie des ouvriers, qui les fabriquent,
devienne inutile. Les arts, au - contraire, qui font utiles ou néceffaires,

vont toujours. Ils augmentent même à proportion que les autres languis-sent , & qu'ils trouvent moins de ressources.

Parlons maintenant de nos nou-velles fabriques pour les hommes : elles font encore plus de conséquen-ce , puisque le travail de ceux-ci peut servir de fondement aux autres. On voit, en effet , que le seul ouvrage des toiles, s'il est introduit une fois dans ces manufactures , protégées par le gouvernement, peut occuper tou-tes les fileuses du royaume. Il n'est question que de construire des atte-liers dans ces maisons.; alors le tra-vail ne sauroit manquer, ni par le défaut d'ouvriers , ni parce que la marchandise n'auroit pas de débit. Quant aux fabriquans , il est sûr qu'on

(183 .)

en trouvera toujours affez parmi les
pauvres qui ont exercé déja la profeffion de tifferands ; mais qui l'auront
enfuite abandonnée, n'ayant pas eu le
moyen d'y vivre, & de foutenir leur
famille, par ce travail qui ne peut
guères occuper qu'un feul homme.
D'ailleurs, ces pauvres artifans ne
pouvoient travailler que pour les particuliers, qui leur fournifloient la matiere, & pour cette raifon ils ga-
gnoient très-peu, vû la modicité du
prix qu'on leur donnoit des piéces
qu'ils pouvoient faire. Ici, au-con-
traire, le fabriquant travaillera pour
fon compte, & il fera sûr du débit,
parce que le confommateur y trouvera certainement fon profit.

Pour en voir la preuve, il ne faut
que fupputer tous les frais qu'il en

coûte dans un ménage, pour acheter le lin ou le chanvre, le filer, & ensuite le mettre en œuvre. On verra que la toile non-seulement revient plus cher, mais ne vaut encore point celle qu'on achetera toute faite dans ces nouvelles fabriques. Car on doit supposer que les directeurs particuliers de ces manufactures, non-seulement veilleront sur l'ouvrage pour qu'il soit bien fait, mais aussi qu'ils auront soin que les matieres premieres soyent bien choisies & de bonne qualité. Ne seront-ils pas intéressés d'ailleurs à cela plus que les autres, puisque leurs gages dépendront du produit des pièces des marchandises qui se débiteront, ensorte qu'ils seront plus forts, ou baisseront à proportion?

En France l'article des toiles est un

un des plus confidérables pour le commerce, parce que nous avons trouvé le moyen de varier cette marchandife à l'infini. Ceft cette raifon auffi qui devroit engager nos artiftes à la perfectionner, tant à caufe de la grande confommation qui s'en fait dans le royaume, que pour lui faire donner la préférence chez l'étranger. On peut dire cependant qu'il s'en faut beaucoup que nos toiles ayent acquis, aujourd'hui, ce dégré de fupériorité qui les faffe préférer à celles des autres pays. Car fi vous exceptez nos linons, nos baptiftes, & nos mouffelines encore fi l'on veut; tout le refte en général n'eft guères eftimé. De-là vient auffi que celle des Holland e font toujours préférées à celles q ui viennent de nos fabriques; &

Q

rout le monde convient qu'elles l'emportent fur les nôtres pour la fineffe, & encore plus pour la blancheur & leur luftre. Malgré cela il eft trèsconftant que, fi nous voulions, il feroit poffible de les imiter, en donnant à nos toiles ce coup d'œil qui flatte, & ce blanc qui éblouit.

Qui nous empêcheroit, par exemple, d'attirer quelques manufacturiers Hollandois, & de les bien payer, pour qu'ils nous donnaffent leur fecret ; ou plutôt que n'envoyons-nous à Harlem, fans aucune lettre de recommandation, quelques-uns de nos obfervateurs habiles, pour voir leurs blancheries, & examiner d'un œil attentif, les ingrédiens qu'ils y mettent, auffi bien que la qualité des eaux dont ils fe fervent, pour don-

ner aux piéces cet éclat qui fait prefque tout leur mérite ? Si une fois on
pouvoit venir à bout de découvrir
ce fecret, qui n'eft pas auffi difficile
à trouver, je m'imagine, que les
fources du nil, nous ferions difpen-
fés alors d'acheter leurs toiles ; ce
qui fait fortir un argent confidérable
du royaume. Les nôtres enfuite auroient plus de cours, foit pour la
confommation qui s'en feroit parmi
nous, .foit pour le commerce extérieur. Mais nous aimons mieux renoncer avec une indifférence philo-
fophique à ces avantages, ainfi qu'à
une infinité d'autres, que de prendre
la peine de nous les procurer, par
un peu d'induftrie & de travail.

Comme nos indiennes entrent en
quelque façon dans la claffe des roi-

les ; il ne fera point hors de propos
d'en parler ici. On fait que cette
marchandife eft aujourd'hui fort en
vogue en France ; elle pourroit même devenir un objet de commerce
confidérable , fi, au lieu de la permettre fimplement , on vouloit encourager ceux qui entreprendroient
de la perfectionner. Alors , bien loin
de gêner en aucune maniere le fabriquant, nous ferions au contraire des
gratifications aux artiftes , qui réuf-
firoient le mieux dans ces fortes de
toiles, foit pour le deffein, foit pour
la tenacité des couleurs. Après tout,
quel grand inconvénient y auroit-il,
quand ce genre de manufactures qui
nous doit paroître affez important
par fon utilité, diminueroit un peu
la fabrique de nos blicours , de nos

ferges, & d'autres étoffes de pareil acabit, qui ne font guères bonnes qu'à fervir de pâture aux vers ?

Dans le négoce, ainfi que dans tous les métiers, il y a une forte d'entêtement ou de caprice, dont le public devient toujours la victime, & dont le marchand même eft fouvent la dupe. Offriroit-on alors à ce dernier de l'or pour du cuivre, il eft fûr qu'il n'en voudra point, parcequ'il fe croira plus pauvre en faifant cet échange ? Par la même raifon, une étoffe que nos commerçans ne pouvoient fouffrir, la croyant capable de les ruiner, devient-elle à la mode, vous les verrez tous s'empreffer d'en remplir auffi-tôt leurs magafins, & ils font les premiers enfuite à en folliciter le débit par

tout, comme s'il n'étoit pas poſſible
au monde de s'en paſſer, & qu'une
pareille marchandiſe valût de l'or ?
Ne gênons jamais le françois, &
vous verrez qu'il produira de quoi
contenter tous les goûts.

Pour revenir aux indiennes, qui
m'ont donné lieu à ces réflexions ;
il n'eſt pas douteux que, ſi nous leur
pouvions donner un certain dégré de
perfection, dont elles ne ſont peut-
être pas fort éloignées, vu le progrès qu'elles font tous les jours, ſous
la main de nos meilleurs artiſtes ;
elles nous pourroient tenir lieu des
pekins & des perſes, qui font ſor-
tir de la France un argent immenſe.
Ne pourroient-elles pas encore, par
leur exportation hors du royaume,
nous rapporter un gain qui nous en-

richiroit; puisqu'il est constant que l'étranger les préféreroit à toutes les autres pour le goût, & sur-tout pour le dessein ? Qui doute en effet qu'en cette partie, nous ne surpassions tout ce qui se fait aux Indes & dans le Levant ? Il est bien sûr que si l'on excepte, dans ces dernieres, le teint & les couleurs durables, qui en font le mérite ; on trouvera que toutes ces figures d'animaux & de fruits , dont elles parroissent chargées, font un barbouillage qui ne signifie rien.

Il sera utile, sans doute, d'introduire ce genre de fabrique , dans les maisons de travail que nous proposons d'établir. Cela occuperoit beaucoup de monde, & ne demanderoit qu'un emplacement où il y eût des eaux, avec quelques arpens de prés, afin d'y étendre les toiles, & les pouvoir arrofer. Un artifte feul qui imprime le trait, peut fournir de l'ouvrage à vingt perfonnes, tant filles que garçons. Les premieres coucheront la couleur avec le pinceau, & les autres manieront les pelles ou les arrofoirs pour mouiller la toile, lorfqu'elle eft étendue au foleil. Ces opérations fimples & faciles, qui ne demandent pas beaucoup de force ni de grands talens, donneroient par conféquent de l'emploi à un nombre infini de pauvres des deux fexes.

On peut enfin affurer qu'au moyen de ces manufactures d'indiennes, ainfi multipliées dans tout le royaume, les gens d'une fortune médiocre, trou-

veront

veront tous à s'affortir, & pourront alors fe paffer de quantité d'étoffes cheres, qu'ils n'ont guères la facilité d'acheter, fans fe priver du néceffaire. Ces dernieres auffi baifferont de prix, à mefure que les autres auront plus de cours, & par ce moyen les perfonnes qui ont plus de fortune, pourront fe procurer les marchandifes de prix à meilleur marché. On fera par-là en état de pouvoir fupporter enfuite plus facilement la capitation & les droits, chacun fuivant fa condition, & felon fes moyens.

On objectera, peut-être, que ces emplacemens, & toutes ces maifons qu'il s'agiroit de conftruire en chaque diocèfe; pour ces différentes fa-

R

briques, & pour les autres manufactures encore, dont on parlera dans
la fuite, coûteroient des fommes confidérables. On peut répondre à cela,
que les fonds de la caiffe générale
des pauvres, que nous avons indiqués dans la feconde partie, pourront y fuffire; ou du moins y fup-
pléeront, en y joignant les fecours,
foit en argent, foit en matériaux ou
bâtimens, que nombre de particuliers fourniront dans chaque ville
du royaume, pour cette bonne œuvre, dont ils fentiront l'utilité; fur-
tout quand ils verront que le gouvernement la favorife, & qu'elle eft
protégée par la cour.

Au fujet des manufactures en laine,
dont il eft maintenant queftion de

(195)

parler ; on peut dire qu'elles auroient
de quoi fournir de l'ouvrage à la
plûpart de nos mendians, foit hommes, foit femmes, à caufe de la
grande variété des étoffes qui s'y peuvent fabriquer. Il eft vrai que pour
ce qui concerne les draps, il s'y en
feroit beaucoup plus, je m'imagine,
de la qualité de ceux de *Maurienne*,
que de ceux de Roufſeau ou de Van-
robais. Auſſi notre but n'eſt point
d'établir des fabriques qui appror-
chent de ces dernieres, dont les
draps font tout ce qu'il y a de plus
recherché & de plus cher. Il s'agit
feulement, dans le plan que nous
propofons, de façonner des cadis ou
des droguets, qui foient cependant
d'un bon ufage pour le peuple, qui

R ij

s'attache ordinairement à ce qui coûte
le moins, & demande en même tems
des étoffes qui soient de durée. D'ailleurs on convient généralement que
ce sont ces sortes de marchandises
qui font le plus aller le commerce
dans le royaume, ayant bien plus de
débit que les autres, parce qu'il s'en
consomme davantage.

Qui empêcheroit ensuite que, dans
ces maisons de travail, on ne fabri-
quât encore de gros draps, qui pourroient servir pour habiller les troupes, & même tous les régimens. Ce
feroit alors une épargne pour l'état,
qui paye ordinairement assez cher
toutes ces fournitures, quand il les
faut prendre chez le marchand qui,
après avoir fait son prix le plus haut

qu'il peut, vous livre des marchandifes fouvent de mauvaife qualité ;
abufant ainfi de la préférence qu'on
lui accorde. Par le moyen que nous
indiquons , les foldats feroient fans
doute mieux fervis, & l'on pourroit
y gagner encore confidérablement ;
parce que le drap qu'on fabriqueroit
dans ces atteliers privilégiés , feroit
meilleur & coûteroit moins, la main-
d'œuvre & les matieres premieres
étant moins cheres.

Il ne s'agiroit, pour la commodité
du fervice, que d'ouvrir des manufactures en divers endroits du royaume. On y monteroit des métiers ,
comme nous l'avons dit au fujet des
fabriques de toiles ; & l'on diftribue-
roit enfuite la laine aux pauvres pour

la préparer. Les artiftes alors la mettroient en œuvre, & chacun feroit
payé felon fon travail, & fuivant la
qualité de l'ouvrage. N'eft-il pas vifible que fi ce projet s'exécutoit,
l'argent circuleroit dans les provinces, & ne tomberoit pas tout dans
la bourfe de quelques entrepreneurs,
qui fouvent s'enrichiffent aux dépens
du Roi, fans fe mettre guères en peine
fi les troupes font bien ou mal en-
tretenues, pourvu qu'ils foient bien
payés ?

L'article des laines étant, de l'a-
veu de tout le monde, des plus im-
portans pour le commerce, à caufe de
la diverfité prefqu'infinie des étoffes
& des draperies que l'on en peut tirer, foit pour les habits, foit pour

(199)

les meubles ; n'eft-il pas furprenant
que nous penfions fi peu à perfectionner cette toifon, qui nous eft fi
néceffaire & fi utile ? Cependant on
fait que nous fommes obligés aujourd'hui de l'acheter chez l'étranger, pour la fabrique de nos marchandifes , comme draps, ras-de-
caftor & bonneteries, ce qui les met à
un prix fi haut, qu'il n'y a enfuite que
les gens qui ont un certain revenu ,
qui puiffent les employer pour leur
ufage ; les perfonnes médiocres ne
pouvant faire cette dépenfe, fans fe
priver en quelque façon du néceffaire, font forcées alors de fe contenter des étoffes fabriquées de nos
laines communes du pays. Or tout
cela ne fauroit faire grand profit ; &

R iv

même ce qu'on achéte revient à proportion plus cher; puifque ces ché-
tives marchandifes, durant moins fans
doute que les autres, il faut auffi qu'il
s'en confomme davantage.

Quel moyen de remédier à ce mal?
Le voici; ce feroit de renouveller
l'efpèce de nos brebis, dans tout le
royaume, ainfi que nous voyons qu'on
l'a pratiqué dans les autres pays,
comme en Efpagne, en Angle-
gleterre, & comme on vient de le
faire en Suéde, quoique ce climat ne
foit pas à beaucoup près auffi doux
que le nôtre. Ces états, plus attentifs
que nous à leurs véritables intérêts,
ont fenti l'avantage qu'il y a de fe
paffer de fes voifins, pour en tirer
les matieres premieres; de façon

qu'aujourd'hui ils fe fervent avec profit de leurs propres laines, après s'en
être procurées de parfaites, par le
changement de leurs troupeaux. Or
qui peut douter que nous ne puif-
fions auffi bien qu'eux, réuffir en cette
entreprife, fi nous voulons nous y
appliquer avec foin ? Les frais d'ailleurs ne feroient point auffi confidérables qu'on fe l'imagine ; puifque ce
renouvellement fe pourroit faire peu-
à-peu. Qu'on fourniffe feulement une
de nos provinces de cette nouvelle
efpèce de bêtes à laine, vous les verrez bientôt de-là s'étendre fucceffive-
ment fur les autres parties de la
France : de façon qu'au bout de quelques années, pourvû que le gouvernement voulût favorifer cette nou-

velle population, fi précieufe d'ailleurs pour l'agriculture, on ne verroit paître, dans la plûpart de nos
campagnes, que des brebis d'Efpagne
ou de Flandres. Alors au lieu de porter notre argent hors du royaume,
pour acheter des laines chez l'étranger, nous lui vendrions une partie
des nôtres, auffi bien que nos étoffes qui, pour la qualité, & fur-
tout pour la façon & le goût, feroient préférées à toutes celles qu'il
nous vend.

Dira-t-on que ces brebis étran-
geres ne pourroient jamais réuffir
dans un pays comme celui-ci, qui,
par fa grande étendue, fe trouve fort
inégal & différemment tempéré? Je
demande alors pourquoi ces animaux

auroient contre nous plus d'antipa-
thie, que contre les Anglois ou contre
les Espagnols, dont le climat est aussi
varié pour le moins que le nôtre?
Ils se sont bien accoûtumés aux pays
du Nord, qui sont plus rudes sans
comparaison que ceux-ci. Ce seroit
une erreur ridicule que de s'imagi-
ner qu'il en est des animaux comme
des plantes. On sait que celles-ci
languissent, ou ne fructifient point,
quand on veut les transplanter dans
un sol différent : les animaux au
contraire, sur-tout les domestiques
vivent par-tout, & se multiplient dans
tous les cantons, quand ils y trouvent
de quoi se nourrir. Croira-t-on que
cette nourriture puisse leur manquer
dans une contrée comme la France,

qui est des mieux situées & des plus fertiles ?

S'il étoit question de prouver par l'expérience ou par des exemples ce que je viens de dire, il suffiroit de considérer toutes ces espèces de poules & d'oiseaux différens, qui se voyent aujourd'hui dans nos volieres ou dans nos basse-cours ; sans parler ensuite de plusieurs sortes de quadrupedes, qu'on nous a apportés des Indes ou de l'Amérique, & qui se font tout-à-fait naturalisés en France ; quoique cependant nous ne les connussions point il y a environ deux siècles.

Quoique cette raison me paroisse suffisante pour démontrer qu'il est possible de réussir dans le changement

qu'on propofe, je citerai pour prévenir toutes difficultés fur cette matiere, un fait qui fe paffe, pour ainfi
dire, fous nos yeux. On voit dans
le Perche, aux environs de Bolefine,
un particulier affez riche, qui a con-
verti en prairies artificielles une partie de fes terres. Là, outre les haras
qu'il a formés pour des chevaux de
race étrangere; ce propriétaire in-
telligent a fait venir des brebis de
Flandres & d'Angleterre de la plus
belle efpèce, qui multiplient à mer-
veille. Plufieurs curieux lui en ont
déja demandé, & il fera bientôt en
état, par fes foins, d'en fournir à
toutes les perfonnes qui en voudront.
Faudroit-il plus de dix hommes de
ce mérite & auffi induftrieux, répandus dans le royaume, pour y faire

changer la mauvaife race de nos moutons, & le peupler d'une meilleure ?

Malgré ce renouvellement général de nos troupeaux, il y aura toujours, fans doute, des provinces dans le royaume, qui nous donneront de plus belles laines que les autres. Nos voifins ne feront pas mieux privilégiés en cela que nous. Ne fait-on pas qu'en Efpagne même, les laines de Ségovie, & fur-tout celles des environs de l'Efcurial, font préférées pour la qualité à celles que l'on tire de tout le refte du pays ? C'eft là un phénomène qu'on voit par tout, parce que la nature varie fes productions à l'infini. On ne trouveroit peut-être pas fur un même arbre, parmi tous ceux qui font dans l'univers ; deux

feuilles qui fe reffemblent , fans aucune différence , foit pour la forme ,
foit pour la couleur.

Une précaution du moins qu'il
faudroit prendre pour perfectionner
notre laine, & auffi pour la multiplier,
ce feroit de laiffer parquer nos brebis en plein air , comme l'on fait en
Flandres , & fur-tout en Angleterre.
La toifon par ce moyen devient plus
longue , plus fournie & beaucoup
meilleure. Le bétail alors n'eft plus
fujet à toutes ces diverfes maladies
qu'il contracte dans les granges , par
l'infection & la malpropreté qui en
font inféparables : épidémie qui dé-
fole enfuite tout un pays , malgré
tous les foins & tous les remedes que
l'on employe pour l'arrêter. On dira
fans doute que ces bergeries clofes

font néceffaires contre la fureur des loups. Je vais hafarder une penfée fur le moyen de nous garantir de ce fléau, qui ravage fi cruellement, depuis quelques années, plufieurs de nos provinces.

On peut douter qu'il y ait dans toute l'étendue de la France, cinquante mille loups. Or fi le gouvernement, ou bien les états de chaque province, donnoient feulement cent francs à chaque perfonne qui tueroit un de ces animaux ; il eft très-probable qu'au bout de deux ou trois ans, il n'y en auroit plus. La fomme totale cependant, ne reviendroit qu'à cinq cens mille livres. Mais fuppofons qu'il y ait, fi l'on veut, dans nos forêts ou dans nos montagnes cent mille loups, & le double encore

s'il

s'il eſt poſſible ; un million ou deux feroient-ils mal employés à nous délivrer une fois pour toutes de ces mauvais hôtes, qui font la terreur de nos villes & de nos campagnes?

Les chevres de Barbarie ont le poil plus doux & meilleur que les nôtres. Nous pourrions en avoir également des troupeaux en France, ſi l'on vouloit y en faire venir pour les élever. Cependant ce changement ne paroît pas auſſi eſſentiel que celui de nos laines ; puiſqu'on peut dire en général qu'il ſe fabrique d'aſſez beaux camelots dans le royaume. D'ailleurs il n'eſt pas expédient de vouloir en même tems tout entreprendre; & ceux qui viendront après nous, n'auroient, je crois, plus rien à faire, ſi l'on mettoit aujourd'hui en exécution tous les plans qu'on propose.

Venons maintenant aux fabriques de foie, qui font le troisieme objet qu'il s'agit d'examiner. On comprend affez que cette partie doit faire, dans le royaume, une branche de commerce des plus étendues, parce que nos étoffes de foie varient tous les jours ; & qu'en France, aujourd'hui le fimple bourgeois & même le roturier, ne croiroient pas qu'il leur fût moins permis de s'en paffer, qu'aux gens de la premiere qualité. Voit-on en effet, à préfent, que les meubles ou les habits les plus riches foient, comme autrefois, des marques pour connoître le rang & la condition ? La fortune, dans le fiècle où nous fommes, met-elle

que 'qu'intervalle entre le seigneur &
l'homme qui aura peut - être autrefois porté sa livrée ? Puisque l'usage
a donc introduit indifféremment le
port de la soie dans toute sorte d'é-
tats ; il n'est plus question que de voir
comment on pourroit rendre plus
utile dans le royaume cette marchandise, & en faire encore l'exportation
du superflu avec avantage.

Comme tout le monde sait qu'il
faut des arbres pour fournir, par le
moyen de leur feuille, la nourriture
aux insectes qui nous donnent la
soie ; il est aisé de voir que cette
partie doit tenir à l'agriculture. Ces
arbres ne viennent point dans toute
sorte de climats ; & il n'y a que les
provinces méridionales de la France,
qui soyent propres à leur végétation.

On peut aſſurer auſſi que c'eſt un bien pour le royaume, en quelque façon, que les mûriers n'y viennent pas par-tout. S'ils multiplioient dans tous ſes cantons, cela nuiroit ſans doute à la production des grains, & nos recoltes alors en ſouffriroient. J'ai vu dans pluſieurs quartiers de la Provence, que les champs étoient preſque tout couverts de ces arbres. La plûpart des terres enſuite, qui auroient pu donner du bled en abon-dance, n'en produiſoient que médio-crement, à cauſe des plants de cette eſpèce, qui, les bordant de tous côtes, leur ôtoient preſque toute la nourriture. Cet abus des mûriers fait qu'il y a aujourd'hui, dans tous ces endroits, plus de feuilles qu'il n'en faut pour les vers à ſoie qu'on y

élève, sur-tout quand ils ne réuffif-
fent point, comme cela arrive affez
fouvent : alors il n'y a plus de reffource , & l'on perd prefque tout ;
car les terres rendant peu par la
raifon que je viens d'expofer, il n'y
a rien enfuite qui dédommage le fermier & le propriétaire.

Ne feroit-il pas avantageux, pour
la confervation de ces infectes, dont
le travail femble nous être fi précieux, que l'on propofât un prix pour
celui qui pourroit le mieux réfoudre
cette queftion. Y a-t-il, parmi les
végétaux , quelque plante ou quelqu'arbre , dont la feuille foit auffi
propre que celle du mûrier , pour
nourrir les vers à foie ? Suppofé
qu'il n'y en ait point d'auffi bonne
que celle des mûriers ; quelle autre

à leur défaut, pourroit le mieux y suppléer.

Il me semble que, si dans un mémoire, ce point étoit bien traité : que l'observateur s'attachât sur-tout à le prouver par l'expérience, qui, sur cette matiere, vaut mieux que tous les raisonnemens subtils des philosophes; l'éducation des vers à soie, & l'agriculture en même tems y trouveroient leur avantage ; celle-ci, parce qu'alors on ne chargeroit plus si fort nos terres de mûriers qui les épuisent ; celle-là ensuite, puisque, si la feuille propre aux vers à soie, venoit à périr en certaines années, durant l'hyver, par la rigueur des gelées, on pourroit alors trouver, dans les campagnes, d'autres plantes qui serviroient au même usage.

(215)

Cette queſtion , après tout , paroît aſſez intéreſſante , & mérite qu'on
l'éclairciſſe. On aſſigne des prix tous
les jours, dans nos académies litté-
raires , à ceux qui expliqueront le
mieux certains faits de l'hiſtoire an-
cienne, qui approfondiront des points
obſcurs de mythologie, qui trouveront le ſens d'un auteur que perſonne , juſqu'ici , n'avoit pu comprendre. Toutes ces choſes , ſans
doute ſont curieuſes , & même bonnes à ſavoir, ſur-tout quand on les
devine. Or ne ſeroit-il pas pour le
moins auſſi utile , que l'on deſtinât
quelquefois ces récompenſes à celui
qui nous expoſeroit clairement dans
un diſcours ſuffiſamment étendu , de
quelle maniere les anciens prati-
quoient les arts néceſſaires à la vie ,

quelle étoit à cet égard leur théorie; de quels instrumens ils se servoient, & quels étoient enfin les procédés physiques que les artistes suivoient dans chaque métier ? Il paroît que, si l'on avoit suivi ce plan, dans certaines de nos académies, qui ont moins pour objet l'amusement ou ce qui orne l'esprit, que l'utilité; nous aurions aujourd'hui des principes plus sûrs, & des opérations plus éclairées pour l'exercice de chaque art. Les ouvrages ensuite, qui sortiroient de la main de nos ouvriers, seroient meilleurs & plus solidement faits. Le public alors ne seroit plus si souvent la dupe de leur mal-adresse ou de leur ignorance.

Pour revenir aux fabriques de soie, je crois qu'elles peuvent, plus que

tous

tout le reste, occuper les pauvres des deux sexes & de tout âge. La ville de Lyon & celle de Tours en sont la preuve. Nous voyons en effet que leurs manufactures y attirent les mendians de tout le royaume; & le travail qui s'y fait, fournit à tous le moyen de vivre. Ne vaudroit-il pas mieux cependant, pour le bien de l'état que tout notre commerce en soie fût partagé entre nos autres villes de France; & qu'il ne se fît pas uniquement, pour ainsi dire, dans ces deux endroits. Il est vrai que pour le tissu, fond d'or, & les étoffes les plus riches, il ne seroit pas nécessaire d'en multiplier les fabriques. On sait que Lyon seul en fournit assez, non-seulement pour toutes nos provinces; mais encore pour les étrangers &

T

tous les marchands de l'Europe, qui viennent s'y affortir. Ainfi, au lieu d'augmenter les étoffes de cette premiere qualité, dont l'ufage ne fauroit même convenir à toute forte de perfonnes, on pourroit étendre davantage nos fabriques de fatins unis, de nos gros-de-tours, & de nos taffetas, dont tout le monde aujourd'hui fe fert, foit pour les meubles, foit pour les habits. D'ailleurs perfonne ne peut ignorer que nos taffetas, qui deviennent à préfent fort communs, autant parmi les hommes que parmi les femmes, n'ont point encore acquis chez nous ce degré de perfection, que les Anglois & d'autres fabriquans étrangers ont fu leur donner,

. L'établiffement de ces diverfes fabriques, qu'on feroit dans la plûpart

des villes du royaume , auroit fans
doute deux grands avantages : l'un ,
que toutes les foies ne fe porteroient
plus à Lyon ni à Tours, au préjudice
du commerce de nos autres provinces : l'autre , qui eft une fuite du premier, c'eft que l'argent alors circuleroit par-tout, au lieu de fe venir perdre dans ces deux mines, pour enrichir des marchands , dont la fortune
quelquefois d'un feul , pourroit faire
celle de toute une ville. Ignore-t-on
d'ailleurs que ces marchandifes coûtent aux particuliers beaucoup plus,
quand ils font obligés de les tirer d'un
feul endroit; puifque les frais du port
& des douanes font confidérables; fur-
tout lorfqu'il faut encore les faire venir
d'une extrêmité à l'autre du royaume?
La multiplicité de ces manufactures,

répandues en divers endroits de la France, non-seulement remédieroit à cet inconvénient, elle exciteroit encore l'émulation parmi nos artistes, qui s'attacheroient à donner aux étoffes toute la perfection possible, afin de mériter la préférence, & se procurer, par ce moyen, plus de débit. Le consommateur enfin y gagneroit, par la facilité qu'il trouveroit à se les procurer, & sur-tout par leur qualité qui en seroit meilleure.

Je ne parlerai point des privileges dont jouiront ces fabriques. Il faut qu'ils soient de nature, si l'on jugeoit à propos de leur en accorder, qu'ils ne puissent jamais empêcher la concurrence ni la liberté du commerce, comme tant d'autres concessions ou privileges exclusifs, qui n'ont servi

jufqu'ici qu'à le ruiner, au lieu de
le faire fleurir & de l'encourager.
D'ailleurs ces nouvelles manufactures ou maifons de travail étant toutes, ainfi qu'il a été dit ci-deffus, fous
la protection de S. M. & du gouvernement, perfonne ne pourra les troubler dans l'exercice de leur profeffion, qui aura pour but l'avantage
de l'état, & l'intérêt même du public ; fur-tout fi l'on a foin de ne
placer à la tête de chacune de ces fociétés d'artiftes pour les conduire,
que des hommes intelligens & de
bonnes mœurs, ainfi que nous devons
le fuppofer.

On conçoit en effet que, fi la juf-
tice & la probité ne préfident dans
ces compagnies : fi au contraire l'intérêt particulier , la fraude & la

T iij

mauvaife foi s'en emparent ; alors ces lieux qui n'étoient inftitués que pour fervir d'afyle à l'indigence, & à faire fructifier même l'induftrie, par l'exercice des arts & métiers utiles à la fociété, ne feront plus qu'un affemblage confus de gens, qui ne viferont qu'à leur fortune ; le commerce enfuite n'en pourra retirer qu'un foible fecours.

Seroit-il néceffaire, après cela, de prouver qu'il fera effentiel que, dans toutes ces maifons, il y ait une régle, tant pour ce qui regarde le fpirituel, que pour le temporel, afin qu'elles fe foutiennent ? Je n'entrerai point ici dans tout le détail de ces réglemens : comme il y en a déja qui fe trouvent tout faits, & même qu'on obferve dans plufieurs fociétés qui font à-peu-près femblables à celles que nous propofons d'établir , on pourra y avoir recours, en y faifant les changemens tels qu'on le juge- roit à propos. Il fuffit donc de dire, en général, pour ce qui concerne le fpirituel , qu'il paroît indifpenfable que dans chacune de ces maifons, il s'y trouve un aumônier, afin que tous les jours on y dife la meffe, qu'on y faffe la priere, & qu'il y ait du moins, tous les dimanches & fêtes, une exhortation , où tous les ou- vriers feront tenus d'affifter. On com- prend , je crois , que la religion, dans ces efpèces de communautés, doit avoir fes exercices & fon culte, puifque nous voyons qu'elles les a dans les cafernes & même dans les armées.

T iv

Après que tous ces divers établissemens, dont la fin est de donner aux
pauvres une retraite, & de les faire
subsister par un travail utile au commerce & à l'état, auront été une fois
érigés dans tout le royaume, & qu'ils
seront bien affermis, la population
ensuite qui mérite sans doute qu'on
la considere, y trouvera les moyens
de s'accroître. Comme elle aura pour
vivre plus de ressources, ainsi qu'on
le verra encore mieux par-tout ce
qui nous reste à dire, elle n'aura point
à craindre alors d'augmenter la classe
des misérables, en multipliant le
nombre des sujets. Je me garderai
bien, en traitant cette matiere, d'a-
dopter les nouveaux principes des
philosophes. On sait que leurs sys-
têmes, la plûpart, faisant abstraction

des circonſtances, & ſouvent auſſi de la raiſon, voudroient qu'on abolît les loix les plus ſacrées : car l'impiété, aujourd'hui, armée d'un zèle impur & fanatique, prétend que pour le bien public, il faudroit anéantir les vœux & toute religion. Des dogmes de cette eſpèce, méritent-ils qu'on les réfute ? Ne ſuffit-il pas de les expoſer tels qu'ils ſont, ou d'en avoir ſeulement indiqué la ſource ?

Voici la régle, ce me ſemble, la plus ſûre, pour venir à bout de faire proſpérer cette nouvelle population dans le royaume. Il y aura, comme nous l'avons dit, des maiſons pour les femmes & d'autres pour les hommes, dans ces nouveaux établiſſemens, fondés pour les ouvriers en chaque province. Ainſi, il ne ſera plus queſtion

que de les marier. Cependant comme il feroit à la France auffi onéreux d'avoir beaucoup de fujets, qu'à
un pere de famille d'avoir un grand
nombre d'enfans, s'il n'y avoit pas
de fonds fuffifans pour les nourrir,
il s'agira de prendre les moyens que
la conftitution même de ces maifons
femble nous offrir, pour affurer la
fortune de ces nouveaux mariés ; &
afin d'empêcher auffi que ces communautés d'artiftes ne viennent à manquer de fujets, à mefure qu'il en for-
tira pour s'établir.

Le premier moyen feroit de faire
une loi, que perfonne, tant hommes que femmes, reçus & habitués
dans ces maifons, ne pourroient fe
marier, qu'après y avoir paffé un certain tems , par exemple , l'efpace

de cinq ou six ans, pour apprendre le métier qu'ils auront commencé d'exercer, lorsqu'une fois on les y aura placés.

En second lieu, la fabrique qui, pendant le temps de leur apprentissage, aura soin de les nourrir, & même de les entretenir du nécessaire, leur comptera à chacun, le jour du mariage, la somme d'argent qu'ils auront gagnée par leur travail, & dont le maître ou la maîtresse de chaque manufacture, tiendront un état fidèle, sur un regiftre en forme & bien en règle, afin qu'il ne puisse y avoir sur cet article aucune fraude, ni aucune contestation.

On sent assez que, si au lieu de l'arrangement qu'on vient de dire, les ouvriers étoient payés par journées ou bien par femaines, tout leur gain s'en iroit peut-être en débauche, & enfuite le jour des nôces, ils auroient tous les mains vuides, & fe trouveroient fans aucune reffource. De plus, ce mauvais emploi qu'ils feroient de leur falaire, s'il le recevoient en détail, ne les détourneroit-il pas de l'ouvrage, & même ne les obligeroit-il pas enfuite à le quitter, pour mener une vie errante, & mendier comme ils faifoient auparavant ?

On pourroit encore joindre à la fomme qui leur fera dûe, pour tout l'ouvrage qu'ils auront fait dans ces maifons de travail, quelque gratification, fuppofé que les facultés le permiffent. On leur achetera quelques meubles ou hardes, pour pouvoir commencer leur ménage.

Voici un autre moyen d'encourager ces ouvriers. Lorſqu'ils quitteront l'œuvre pour ſe marier, après le tems fixé que nous avons dit, & qu'ils épouſeront une fille qui aura de même travaillé pendant cinq ou ſix ans, dans quelqu'une des fabriques établies pour les femmes ; ils jouiront l'un & l'autre du droit de maîtriſe. On leur délivrera pour cet effet une patente, ſignée des maîtres pour le mari, & des maîtreſſes pour la femme ; c'eſt-à-dire, du directeur & de la directrice de la manufacture, où les mariés auront exercé leurs métiers. Ils pourront enſuite s'établir dans la ville ou dans l'endroit qu'ils jugeront à propos, & y lever boutique, ſans que perſonne puiſſe avoir droit de les empêcher, ni de les troubler, ſous quelque prétexte que ce soit.

On dira, si l'on veut, que ces nouveaux venus pourroient, en vertu de ce privilege, ou plûtôt de cette permission, nuire aux marchands, ou aux artistes qui font corps de métier. Or n'est-ce pas plutôt une raison pour les protéger & les soûtenir, puisque le commerce général & l'avantage public du royaume, doit toujours être préféré à l'intérêt de quelques corps particuliers ? Quel mal, après tout, y auroit-il, quand on aboliroit aujourd'hui en France, toutes ces jurandes, où il se commet tant d'abus ? Du moins, si l'on juge à propos de les laisser subsister, après avoir cependant restraint, comme nous l'avons déja dit, dans de justes bornes leurs usages ou leurs coûtumes , qu'il foit libre à tous ceux qui auront du talent pour les arts de s'y appliquer, moyennant une permiffion que le chef de police de chaque lieu fera en pouvoir de leur accorder, fur leur requête.

On fait que nous fommes tous les jours la victime de ces corps de jurés, qui prétendent attirer à eux tous les arts & tout le commerce. Cela eft plus de conféquence néanmoins qu'on ne penfe, puifqu'il s'agit, non-feulement de la fortune, mais encore de la fanté des citoyens , & quelquefois même de leur vie. Que des réguliers , par exemple , nous vendent une eau dont ils auront le fecret, & qui fera un excellent remede contre l'apoplexie ; que d'autres religieux encore compofent une thériaque ,

dont les bons effets, pour la gué-
rifon de plufieurs maladies, font re-
connus de tout le monde; auffi - tôt
vous voyez tous les apoticaires &
tous les épiciers fe plaindre qu'on
ravit leurs privileges, & non con-
tens de crier, ils envoyent fur les
lieux leurs officiers qui faififfent, fans
façon, toutes les marchandifes qu'ils
trouvent, comme fi c'étoit un bien
qu'on leur eût volé. Ne vaudroit-il
pas mieux que la police ordonnât de
faire une defcente chez les apoticaires mêmes, pour faire vifiter par
les médecins toutes les drogues qu'ils
nous vendent ? Combien n'en jette-
roient-ils pas au feu, les jugeant plus
capables de nous empoifonner que de
nous guérir ?

Le véritable intérêt du royaume,

&

& le moyen sûr de l'enrichir, est de ne gêner les arts en aucune façon ; en sorte que le commerce jouisse d'une liberté entiere. Car tous ces corps de métiers, & leurs statuts qu'on a multipliés à l'infini ; ces apprentissages, ces maîtrises, ces taxes qu'on a voulu introduire, sont autant de chaînes qui lient l'industrie, & autant de barrieres qui l'arrêtent. Dégagez le marchand & l'ouvrier de toutes ces entraves qui empêchent leur génie de prendre son essor : alors vous verrez que notre commerce n'aura plus de bornes, que l'état reprendra une nouvelle vigueur, & ne languira plus dans la misere, où la servitude paroît l'avoir réduit.

Revenons à ce qui regarde la population. Il est sûr que ce nombre

V

de mariages contractés, ainsi que nous l'avons dit, entre les ouvrieres & les artisans de nos nouvelles fabriques, seroient très-avantageux pour la France; non-seulement pour lui donner des sujets (il n'y en a déja que trop d'inutiles) mais de bons ouvriers, qui seront tous élevés au travail par des parens qui, après s'y être eux-mêmes exercés durant plusieurs années, en auront déja acquis l'habitude. Toutes ces familles, en un mot, bien loin d'être à charge au royaume, en vivant dans l'inaction, comme tant d'autres qui, par une infructueuse consommation, ne servent qu'à l'épuiser, en augmenteront au contraire la richesse par leur industrie, en faisant par-tout fructifier le commerce.

(235)

Il ne feroit pas jufte, fans doute,
de vouloir forcer à fe marier des gens
qui ne le voudroient point ; fur-tout
s'ils avoient outre cela des raifons qui
les en empêcheroient ; tout contrat,
& celui-ci encore plus, étant libre.
Or quoiqu'on laiffe là deffus aux artiftes dont nous parlons, une liberté
entiere & abfolue ; il eft conftant
que, malgré cela, ils prendront la
plûpart le parti du mariage, voyant
qu'on leur en facilite le chemin par
les avantages réels qu'on leur offre ;
puifque, les tirant de l'état de fimples ouvriers, ils pourront devenir
maîtres, au moment qu'ils s'établi-
ront, & qu'on leur donnera encore
d'autres moyens d'avancer leur fortune.

Quant à ceux qui voudroient

sortir de ces maisons, après y avoir passé le tems fixé par la règle, & qui ne se soucieroient point de se marier ; il sera juste de les payer de leur travail comme les autres ; & ils ne recevront alors aucune gratification. On ne leur accordera point non plus des lettres de maîtrise, pour jouir des mêmes bienfaits que les premiers, à moins que dans la suite ils n'épousent des femmes qui quitteront la manufacture, après y avoir fini leur tems. Dans ce cas là, ils seront établis maîtres, & pourront alors lever boutique dans tous les lieux où ils voudront fixer leur demeure.

Cependant s'il arrivoit que certains ouvriers, après avoir achevé dans ces maisons leur tems de travail, ne les voulussent point quitter ;

on les y laissera toujours aux mêmes conditions : ils pourront même
y rester, jusqu'à ce qu'il puissent
trouver une meilleur fortune. Il conviendroit pourtant qu'après qu'ils
auront passé quinze ou vingt ans dans
ces fabriques, on leur accordât le
droit, quoiqu'ils ne fussent point mariés, d'exercer leurs métiers par-
tout où ils iroient habiter, sans que
les corps de marchands pussent alors
les inquiéter dans leur commerce,
sous le prétexte ridicule qu'ils ne seroient point de leurs sociétés ; comme si tout ce qui ne vient pas de la
main de nos jurés, devoit passer pour
marchandise de contrebande.

Voilà quels seroient pour les hommes & les femmes les différens moyens
de les occuper, afin de les retirer

de la mendicité, & rendre de plus leur travail utile à l'état. Il reste encore une classe, quoique j'en aye déja dit un mot à l'article de l'agriculture; ce sont les enfans des pauvres, classe d'autant plus à plaindre, qu'elle ne sauroit d'elle-même se fournir aucun secours; n'ayant ni industrie pour demander, ni les bras assez forts pour travailler. Il s'agit donc de les tirer de la misere, puisqu'ils appartiennent à l'état comme les autres. Voyons de quelle façon on pourra les élever, afin d'en pouvoir tirer parti dans la suite, autant pour leur intérêt propre, que pour le bien général du royaume.

C'est un spectacle fort triste, pour les personnes qui n'ont point l'ame insensible : eh ! qui est l'homme qui l'auroit de voir, dans nos villes, comme dans nos campagnes, des enfans à la fuite d'une mere, qui les traîne par-tout, fans avoir de quoi les nourrir ? Quelque grand que foit ce mal, il ne l'eft pas cependant de façon que l'état ne puiffe y remédier, & encore le tourner à fon avantage, en ufant pour cela des moyens que l'humanité, le zèle, & fur-tout une politique éclairée & bien entendue femblent nous offrir.

Il s'agit d'abord de commencer par prendre tous ces enfans feuls & abandonnés, qu'on voit languir dans les rues, auffi bien que ceux que des parens pauvres & mendians mènent avec eux, étant hors d'état de les élever. On les retirera enfuite en des maifons qui feront établies dans cha-

que province pour les recevoir, &
leur apprendre des métiers. Il y aura
des maisons pour les filles, de même
que pour les garçons. Les frais, tant
pour la nourriture que pour l'entretien de cette jeunesse, se prendront
sur les fonds de la caisse générale,
qu'on a indiqués dans la seconde partie, au sujet de la subsistance des
pauvres de chaque diocèse.

Cette éducation des enfans, pra-
tiquée de la maniere que nous l'allons
dire, ne sauroit être que très-avan-
tageuse pour eux-mêmes & pour les
parens; puisqu'on les retireroit, par-
là, les uns & les autres de l'extrême
besoin, où ils se voyent exposés : car
les premiers seront nourris & exercés dès leur enfance au travail, afin
de pouvoir, quand ils seront parve-

nus

nus à un certain âge, gagner leur vie, par les métiers qu'ils auront appris. A l'égard des parens, ils se trouveront dégagés du poids d'une famille malheureuse qui les accabloit. Par une suite encore de ce plan, dont toutes les parties paroissent liées ensemble ; ces peres ou ces meres misérables, pourront entrer alors dans les diverses manufactures dont nous avons parlé, & y seront reçus avec d'autant moins de peine, qu'ils n'auront plus aucun obstacle qui puisse les empêcher de travailler.

Pour assurer ensuite l'etat de ces enfans, & calmer aussi l'inquiétude que les parens pourroient avoir à leur sujet ; on aura soin de les ins-crire sur un regiftre particulier, con-servé dans la maifon où ils feront reçus. Sur ce livre, on couchera, pour y avoir recours dans le befoin, le nom de chacun, leur âge, le lieu de leur naiffance, & même leur qualité, s'ils en ont. Je dis leur qualité; car feroit-il furprenant qu'il s'en trouvât parmi eux, d'auffi nobles, & même d'un nom encore plus illuftre, que celui de beaucoup de feigneurs, que nous voyons aujourd'hui faire figure par leurs livrées, & par leurs équipages brillans ?

On a fait fous le règne précédent (qu'on me permette ici cette digreffion), la recherche des faux nobles par toute la France, & on les a rayés du nobiliaire, parce qu'ils ne méritoient point d'y être : ne feroit-il pas jufte qu'on recherchât de nos jours, parmi les pauvres, ces familles

qui font véritablement nobles, pour
les rétablir s'il fe pouvoit; ou du
moins, qu'on les tirât de l'opprobre
& de la mifere, qui les confond avec
les roturiers & avec la lie du peuple?

Pour revenir à ces établiffemens
de charité, où nous difons que l'on
recevra les enfans pauvres, & defti-
tués de fecours dans chaque province,
mon idée feroit qu'on les y entre-
tînt jufqu'à l'âge de douze ans, &
que durant tout ce tems, on les for-
mât aux exercices de corps & d'efprit dont ils feront capables : c'eft-
à-dire, qu'on les inftruisît de la Religion, qu'on leur apprît à lire & à
bien écrire, & qu'on leur enfeignât, outre cela, l'arithmétique. On
prendroit foin auffi de les exercer
à divers métiers, felon leurs for-

ces & leurs inclinations, afin que
dans la fuite ils puffent, avec con-
noiffance, choifir celui qui leur conviendroit le mieux, pour ne pas tom-
ber dans l'inconvénient de quantité
d'ouvriers, qui travaillent mal toute
leur vie, pour n'avoir jamais fu les premiers principes. Auffi, combien d'ouvrages de mauvais goût voyons-nous
fortir tous les jours de la main de la
plûpart de nos artiftes, qu'on pourroit appeller, à jufte titre, des fave-
tiers dans la profeffion dont ils fe
mêlent, fans la favoir ?

Ces exercices auront lieu également
ment pour les filles, dans les maifons qui leur feront deftinées. N'ont-
elles pas un efprit & un corps, qu'il
s'agit de cultiver, & d'occuper auffi
bien que les hommes ? Leur fexe d'ail-

leurs feroit capable d'embraffer des métiers encore plus difficiles que ceux qu'on leur apprend ; la coûtume & la routine ayant, pour l'ordinaire, plus de part à leur éducation, que le bon fens & la raifon. Ne vaudroit-il pas mieux, par exemple, pour la fociété & leur propre intérêt, qu'on leur enfeignât à toutes un art utile, plutôt qu'à faire des nœuds & mille autres fortes de Colifichets, qui ne fervent qu'à leur faire employer le tems inutilement, ou à les parer d'une façon tout-à-fait ridicule ? & affectée

S'il s'agiffoit ici de l'éducation d'autres filles que les pauvres, qui ont, fans doute, plus befoin de travailler pour gagner du pain, que de paffer leur tems à lire ; je dirois que,

X iij

puifqu'on voit dans le monde les femmes les plus raifonnables, & qui ont
le plus d'efprit, fe plaindre tous les
jours qu'elles ne favent rien, parce
qu'on ne leur a jamais rien appris;
il feroit à fouhaiter que des perfonnes éclairées & habiles entrepriffent
de compofer, pour leur inftruction
particuliere, quelque traité ou plan
d'études. Cet ouvrage renfermeroit,
ou du moins indiqueroit les connoiffances & les livres qui feroient
les plus propres à leur cultiver l'efprit, en lui fourniffant une fcience
véritablement utile, & capable de
de les former. Y auroit-il de la raifon à mettre dans ce rang un maga-
fin d'hiftoriettes & de bagatelles, tel
que celui qui vient d'être publié depuis peu par une dame, en faveur des

jeunes perfonnes de fon fexe, qui auront apparemment du tems à per- dre ?

Le plan d'études qu'il s'agiroit de compofer & donner enfuite au pu- blic, pourroit, ce femble, être pro- pofé aux gens de goût & aux fa- vans, qui auroient un grand ufage du monde, afin qu'une matiere auffi intéreffante, & qui concerne fi fort nos mœurs, fût traitée avec l'exac- titude & le difcernement qu'elle mé- rite. On fent qu'il feroit jufte en- fuite d'affigner une récompenfe con- venable à l'auteur qui aura le mieux réuffi dans une entreprife de cette nature. Ce prix ne feroit pas une amarante, ni une violette d'or, tel qu'on le donne aux jeux floraux, à celui qui remporte la palme académi-

que. Je crois qu'une charge honorable & qui auroit des revenus, feroit
le don qui conviendroit le mieux à
l'auteur, qui voudroit bien nous faire
ce préfent, qui feroit honneur fans
doute à la Nation. Ce feroit un livre claffique, qui ferviroit à l'éducation des filles dans les couvents,
auffi bien que dans le monde, & leur
feroit perdre ce goût de frivolité, &
cette paffion puérile pour les modes
qui les occupent toujours, & font le
fujet encore de leurs converfations
les plus férieufes , parce qu'elles ne
fe font occupées jufqu'à préfent que
de ces bagatelles.

Ce traité des études, puifé, en un
mot, dans les meilleures fources, &
dans les plus excellens livres, en chaque genre des fciences qui peuvent

convenir aux femmes, serviroit à leur rendre l'esprit juste, & à bien raisonner sur tous les objets qu'il est important pour elles de connoître & de sçavoir. Ne seroit-ce pas aussi le vrai moyen de les guérir d'une infinité de superstitions & d'erreurs, à quoi elles sont plus sujettes par ignorance que par foiblesse ?

On peut dire cependant que l'une & l'autre de ces causes contribuent encore moins à leur donner cette maladie d'esprit, que les propos visionnaires & tout-à-fait ridicules, qu'elles se débitent tous les jours confidemment les unes aux autres dans les conversations. Discours, dont l'auditeur même le plus sérieux, ne pourroit s'empêcher de rire, s'il ne craignoit, en ces occasions, de leur faire de la peine, ou de paſſer lui-même peut-être pour ridicule.

Je ne parlerai point des ſolides avantages que la jeuneſſe du royaume pourroit retirer d'une éducation que des meres bien inſtruites, & dès-lors plus judicieuſes leur donneroient. Car il ſemble que ſi ce projet venoit un jour à s'exécuter ; deſorte qu'il y eût en France, pour les filles de condition, un certain cours d'études réglées, ſous des régentes ou des maîtreſſes habiles ; cela ſeul ſeroit capable de réformer nos mœurs, & rendroit alors les hommes plus utiles.

Il ne s'agit pas d'enſeigner à des femmes le grec ou le latin, non plus que la philoſophie des colléges ou de nos univerſités. Ces connoiſſances leur ſeroient, je crois, auſſi embarrantes, que le furent au jeune David les armes pesantes de Saül. Leur raison & leur esprit naturel, ne valent-ils pas mieux que tout ce jargon & ces termes Arabes de l'école, que les professeurs n'entendent pas mieux que les disciples, qui ont la peine de les écouter ? On apprendra plus utilement à des filles l'art simple de penser, les dogmes véritables de la religion, la morale, l'histoire universelle, la science économique, les loix ordinaires & d'usage de la jurisprudence, des notions de physique & de médecine, &c. qui sont, comme dit M Fleuri, dans son Traité des études, des connoissances également nécessaires pour l'esprit, pour le corps, & pour savoir conserver le bien dans les familles.

Pour revenir aux pauvres filles qui feroïent nourries dans les différentes maifons de charité, dont nous parlions, on pourra les y élever jufqu'à un certain âge, par exemple, jufqu'à vingt ans, qu'elles fe trouveront en état de pouvoir entrer en condition. Durant tout ce tems, on prendra foin de les occuper ; enforte que leur travail fervira à les entretenir du néceffaire, & fournira de plus aux frais que la communauté fera obligée de faire pour fe foutenir. Quand elles fortiront enfuite pour fe placer ou bien pour s'établir, la maifon leur comptera une certaine fomme, qui fera proportionnée à fes revenus & au prix, en quelque façon, de l'ouvrage qu'elles auront fait, & qu'on aura pris foin d'écrire fur un regiftre.

Rien, ce semble , ne seroit plus utile que ces sortes d'établissemens dans
chaque province. Ils seroient avantageux non-seulement pour une infinité de pauvres filles qui , sans ce
secours , risqueroient de se perdre ;
mais ce seroit de plus une ressource
pour les gens qui ont besoin de domestiques. On seroit sûr alors d'en
trouver dans ces maisons, qui s'obli-
geroient d'en fournir aux personnes
qui viendroient leur en demander.
Il est vrai qu'il faudroit auparavant
que ces filles apprissent à monter un
ménage, à faire l'office & la cuisine,
& à acheter encore les provisions.
Mais ce ne seroit là qu'un passe-tems
& un jeu pour des meres entendues,
qui auroient soin de les bien instruire
de tous ces menus détails, quoiqu'ils

foient cependant d'une grande conféquence pour les maîtres que l'on
fert. Ne peut-on pas dire en effet,
qu'une pourvoyeufe habile & fidèle
eft un tréfor dans une famille, qui
n'a qu'un revenu fuffifant pour vivre
avec une certaine aifance ? Sur-tout
quand on vient à confidérer que le
nombre des gens, dont la fortune eft
médiocre, eft parmi nous aujour-
d'hui, plus fort, fans comparaifon,
que celui des riches. Qu'on délivre
les maifons de toutes ces harpies &
fang-fues domeftiques, qui les ruinent & les appauvriffent ; vous y
verrez auffitôt renaître l'abondance,
& toutes les familles profpéreront
dans le royaume.

A l'égard des garçons, dont on a
déjà parlé, après qu'ils auront été

élevés jufqu'à l'age de douze ans, ainſi
que nous l'avons dit ; on pourroit les
tirer de toutes ces demeures de charité, pour les occuper dans les parcs
du Roi, aux différens travaux de la
marine. Il y auroit là de quoi les employer tous, ſelon leurs forces &
leurs talens. On les diviſeroit par
claſſes, dont chacune ſeroit deſtinée
à un genre particulier de travail, où
il ſe formeroit de bons artiſtes, qui
enſuite remplaceroient ceux qui viendroient à manquer. Ce ſeroit une reſ-
ſource pour les départemens, qui
n'ont pas toujours le nombre ſuffiſant
de travailleurs que la marine ſou-
haiteroit.

Cette jeuneſſe qu'on raſſembleroit
dans des eſpèces de colléges ou d'é-
coles, où on l'entretiendroit ſimple-

ment jufqu'à l'âge de dix-huit ou vingt ans, feroit comme une pepinicre de gens de mer, toujours renaiffans pour le fervice des vaiffeaux, en tems de paix comme en tems de guerre. Service qui leur deviendroit d'autant plus facile & familier, qu'ils en auroient acquis l'habitude, pour ainfi dire, dès l'enfance. Cet avantage paroît plus de conféquence encore, fi l'on confidere que les hommes faits, quelque robuftes qu'on les fuppof , ne fauroient guères réfifter à cet élément, quand ils ne s'y font pas accoûtumés de bonne heure. Auffi la maladie fouvent, en emporte les trois quarts durant le cours d'un voyage.

Je ne puis entrer dans le détail, ni dans la forme de ces nouveaux établiffemens blissemens , qui ne peuvent cependant être que très-utiles à l'état , si l'on fait réflexion de quelle importance il est pour la France, d'avoir toujours sur mer des forces formidables, afin qu'elle puisse, en tout tems, résister aux efforts de ses ennemis , qui ne manqueroient pas de troubler son commerce , & de venir même l'attaquer jusques dans ses ports , & surtout dans ses colonies, s'ils voyoient qu'elle n'eût pas un nombre de vaisseaux suffisant pour se défendre. Mais ce malheur paroît d'autant moins à craindre pour la suite, que le ministere aujourd'hui, veille plus efficacement que jamais sur notre marine, qui sera bientôt en état, par tous les soins qu'on se donne pour la mettre sur un bon pied, de faire face à tous ces maîtres prétendus de la mer, qui n'ont sur elle pas plus de droit ni d'empire que nous, lorsque l'envie nous prendra de nous en emparer, par l'industrie & les moyens puissans qui sont entre nos mains.

CONCLUSION.

Voilà quelles sont mes pensées & mes réflexions sur le régime des mendians & des pauvres répandus dans tout le royaume. Un système plus fondé sur la spéculation que sur la pratique : un projet, en un mot, qui renfermeroit des idées plus neuves ou plus métaphysiques, auroit peut-être été du goût d'un plus grand nombre de personnes ; aujourd'hui sur tout, que tout le monde se croit philosophe, &

que dans cette illusion, chacun pese les forces de l'état, les calcule dans sa tête, & en croit saisir tous les rapports. Comme il s'en faut beaucoup que j'aye l'œil assez pénétrant pour voir le jeu de tant de ressorts secrets, qui font aller le gouvernement, & qui dirigent le ministre dans ses vûes ; je me suis borné à considérer simplement les objets qui sont autour de moi, sans vouloir regarder ceux que leur extrême éloignement m'eût empêché d'appercevoir assez distinctement, pour en parler avec connoissance. J'ai donc fixé ma vûe sur les besoins du pauvre, persuadé que rien ne pouvoit plus intéresser l'état, & même tous les hommes que la misere. C'est pour cela que j'en

ai examiné la caufe, & que j'ai pro-
pofé les moyens qui m'ont paru les
plus propres pour en tarir la fource.
J'ai fini par montrer comment on
pouvoit rendre la mendicité même
fru&ueufe à l'état , par un travail
qu'on pourroit étendre à prefque tous
les befoins du royaume , & à ceux
des citoyens. Je ne doute pas qu'on
ne puiffe parvenir à ce but par d'autres voies , peut - être encore meilleures que toutes celles que j'indique·
En ce cas, les pauvres y gagneront;
& j'aurai du moins la fatisfa&ion d'a-
voir plaidé leur caufe

F I N.

TABLE

Des Matieres contenues dans ce Livre.

PREMIERE PARTIE.

SECONDE PARTIE.

CHAPITRE SECOND.

CHAPITRE TROISIEME.

Fin de la Table.

E R R A T A.

Pag. 69. lig. 16. que la, lif. que de la.
Pag 109. lig. 7. fuivant le plan. lif. fuivant le fol.
Pag. 114. lig. 13. un plus, lif. un peu plus.
Pag. 205. lig. 5. Bolefme, lif. Belefme.

cutives, à compter du jour de la date des Préfentes. Fai-
fons défentes à tous Imprimeurs-Libraires & autres perfonnes de quelque qualité & condition qu'elles foient,
d'en introduire d'impreffion étrangere dans aucun lieu
de notre obéiffance : A la charge que ces Préfentes feront
enregiftrées tout au long fur le Regiftre de la Communauté des Imprimeurs & Libraires de Paris, dans trois mois
de la date d'icelles; que l'impreffion defd. Ouvrages fera
faites dans notre Royaume & non ailleurs, en bon pa-
pier & beaux caracteres, conformément aux Réglements
de la Librairie, & notamment à celui du 10 Avril 1725,
à peine de déchéance de la préfente Permiffion ; qu'avant
de l'expofer en vente, le Manufcrit qui aura fervi de
copie à l'impreffion defd. Ouvrages, fera remis dans le
même état où l'Approbation y aura été donnée, ès mains
de notre très-cher & féal Chevalier Chancelier de France
le Sr. DE LAMOIGNON, & qu'il en fera enfuite remis deux
exemplaires dans notre Bibliothéque publique, un dans
celle de notre Château du Louvre, un dans celle dudit
Sieur DE LAMOIGNON, & un dans celle de notre très-
cher & féal Chevalier Vice-Chancelier & Garde des
Sceaux de France, le Sieur DE MAUPEOU ; le tout à
peine de nullité des Préfentes. Du contenu defquelles
vous mandons & enjoignons de faire jouir ledit Expo-
fant & fes ayans caufes, pleinement & paifiblement,
fans fouffrir qu'il leur foit fait aucun trouble ou empê-
chement. Voulons que la copie des Préfentes, qui fera
imprimée tout au long au commencement ou à la fin
defd. Ouvrages, foi foit ajoutée comme à l'Original.
Commandons au premier notre Huiffier ou Sergent fur ce
requis, de faire pour l'exécution d'icelles tous actes requis
& néceffaires, fans demander autre permiffion, & no-
nobftant clameur de Haro, Charte Normande, & Lettres à ce contraires. CAR tel eft notre plaifir. DONNÉ à
Paris le vingt-neuviéme jour du mois d'Avril, l'an
de grace mil fept cent foixante-fept & de notre Regne
le cinquante-deuxieme. Par le Roi, en fon Confeil.
Signé LE BEGUE.

*Régiftré fur le Régiftre XVII. de la
Chambre Royale & Syndicale des Libraires & Imprimeurs de Paris, N° 1254,
fol. 203. conformément au Réglement
de 1723. A Paris ce 4 Mai 1767.*
      DESPILLY, Adjoint.